블록체인과 코인
누가 돈을 버는가

블록체인과 코인
누가 돈을 버는가

초판 1쇄 발행 2022년 4월 1일

지은이 예자선
펴낸이 장길수
펴낸곳 지식과감성#
출판등록 제2012-000081호

교정 김혜련, 양수진
디자인 박예은
편집 박예은
검수 양수진, 이현
마케팅 고은빛, 정연우

주소 서울시 금천구 벚꽃로298 대륭포스트타워6차 1212호
전화 070-4651-3730~4
팩스 070-4325-7006
이메일 ksbookup@naver.com
홈페이지 www.knsbookup.com

ISBN 979-11-392-0386-8(93320)
값 13,000원

• 이 책의 판권은 지은이에게 있습니다.
• 이 책 내용의 전부 또는 일부를 재사용하려면 반드시 지은이의 서면 동의를 받아야 합니다.
• 잘못된 책은 구입하신 곳에서 바꾸어 드립니다.

지식과감성#
홈페이지 바로가기

블록체인과 코인
누가 돈을 버는가

돈의 흐름을 보면 모든 게 명확하다!

글·그림 **예자선**

지식감정

도박이라 금지해야 된다   VS   올랐다 내렸다 하는 건 주식도 마찬가지다

새로운 기술 혁명이다   VS   실제 쓰임은 하나도 없다

알 것 같은데 결국 모르겠는
이 느낌은 뭐지?

그냥 모르는 거 같은데…

정보는 넘친다. 그런데 아무리 본들 이런 걸 알 수 있을까?

1. 사업자들이 돈을 어떻게 버는지, 비즈니스 구조

2. 중국의 입장, 미국의 입장, 우리나라의 입장. 차이가 나는 이유

3. 여론과 정책을 만드는 손의 정체

돈의 이동을 보면 바로 답이 나온다!

이것은 기술과 시대 상황이 종합된 복잡한 문제로서,
이제 제도를 마련해야 되는데, 그걸 누가 정하느냐 하면,
바로 내가! 아니, 우리가…

　　　　　　　　　　　　　　　　　　저요.

누구…?

　　　　　이런 거 많이
　　　　　들어봤는데요.

　　　　　　　　　매번 진짜 중요한 얘기는
　　　　　　　　　안 나오는 거 같아 가지고.

무슨 말씀이신지?

　　　　　　　　　블록체인이 어떤 기술인가,
　　　　　　　　　앞으로 어디에 쓸 수 있을까,
　　　　　　　　　뭐 그런 얘기 할라 그러죠?

그럼 무슨 얘기를 해요?

　　　　　　　　　다 코인을 왜 사야 하나~ 하는,
　　　　　　　　　돈 쓰라는 얘기잖아요.

　　　　　　　　　코인 산업 생태계의 플레이어들,
　　　　　　　　　이걸로 돈을 버는 쪽의
　　　　　　　　　비즈니스 모델을 봐야죠.

실례지만 누구세요?

　　　　　　　　　　　　　　글·그림 **예자선**

인트로덕션

비트코인이든, 다른 코인이든 사는 사람에게는 '투자', 만드는 사람에게는 '사업'입니다.

돈을 벌 것 같으면 사는 거고, 아니면 있는 것도 팔아야겠죠. 소수는 거기서 사업기회를 포착해서 큰 돈을 법니다.

그런데, 국가는 '돈 버는 사람이 있으니까, 잃는 사람도 있는 거지.' 이러고 있으면 안 되겠죠?

사회 전체의 득실 관점에서 코인 거래 제도를 고민해야 합니다.

제도를 어떻게 만들고 운영해야 할까?
- 코인이 화폐나 금융의 기능을 할 수 있나?
- 진짜로 어떤 생산적 활용이 가능한 건가?
- 코인의 거래 과정에서 어떤 사회적 영향이 있는가?

일단, 사실부터 정리해야 합니다. 이것은 비슷해 보이는데 다른 점, 달라 보이는데 같은 점 찾기이기도 합니다. 그러려면 무엇을 봐야 할까요? 많은 정보가 있습니다. 여러 곳에서 자기 얘기가 맞다고 할 것입니다. 그것들을 종합해서 본질을 파악하기 위해서는 비즈니스 관점에서 조망해 보아야 합니다.

왜 그래야 할까요? 돈이 이동하는데는 뭐라도 이유가 있잖아요. 도둑질이나 사기가 왜 나쁜가요? 바로 그 이유가 나쁘기 때문입니다. 정상적인 돈의 이동에는 재화나 서비스의 공급과 소비, 즉 어떤 가치의 교환이라는 이유가 있습니다. 우리는 그것이 무엇인지를 가지고 그 비즈니스의 본질과 사회적인 가치를 평가하고 있습니다. 블록체인과 코인도 똑같이 하면 됩니다. 그럼 시작해볼까요?

목차

인트로덕션 6

 **이거 하나만 질문해보자
— 정말 코인으로 결제를 받는다고?**

1.1 비트코인으로 결제가 된다는 기사들 ———————————————— 12
1.2 비트코인은 사용에 10분이 걸리는데, 어떻게 현장 결제를 하지? ———— 15
1.3 가격이 변하는 코인을 받으면, 회사는 재무 리스크를 어떻게 관리하지? —— 19
1.4 코인 결제서비스는 어떤 프로세스로 하는 걸까? ———————————— 21
1.5 이용자도 없는 이런 결제서비스를 누가, 왜 만들고 있을까? ——————— 23
∅ 화폐결제와 코인결제 – 본질적 차이는? ———————————————— 26
∅ 주식과 코인이 뭐가 다르냐고? ———————————————————— 27
∅ 송금에만 쓴다고 하면 화폐 대용이라고 주장하기 어려운 이유 ——————— 30

 **블록체인의 기술적 원리
— 기본만 알면 '기능'과 '활용'은 저절로 판단된다**

2.1 비트코인 프로그램의 목표: 전산코드에 개수를 적어서 돈처럼 주고받기 —— 34
2.2 코인의 사용 프로세스 ———————————————————————— 35

2.3 채굴을 알면 유지될 수 없는 이유가 보인다 ——————— 38
2.3.1 블록체인이라고 하는 이유 ——————————— 39
2.3.2 채굴이 뭐고, 왜 전력이 많이 필요한지 ——————— 40
2.3.3 합의 알고리즘 ————————————————— 44
2.3.4 트랜잭션의 취소와 확정 ————————————— 45
2.3.5 코인의 총 생산량 ———————————————— 46
2.3.6 비트코인 외의 코인은 탈중앙화가 아니라 오히려 정반대 ——— 47
📎 이번에도 채굴보상금이 반감하면 코인 가격이 올라갈까? ——— 49
📎 비트코인과 금의 결정적 차이는? ——————————— 53

★중간 정리 - 블록체인의 기능적 특징과 한계 ——————— 55

3 기술 발전? 다른 블록체인과 코인들은 뭐가 다를까?

3.1 이더리움 프로그램의 목표: 누구나 자기 코인을 쉽게 발행할 수 있게 하기 ——— 58
3.2 스마트컨트랙트와 댑(DApp)
 - 자동으로 계약이 되고, 새로운 플랫폼이 되는 기술이라고? ——————— 61
3.3 코인으로 예금과 대출 서비스를 한다고? ——————— 63
📎 디파이와 금융의 본질적 차이는? ——————————— 66
3.4 거래소의 종류 —————————————————— 70
3.5 의미 없이 복잡한 코인의 종류 구별 ————————— 72
3.6 NFT도 같은 사업구조를 가진 코인일 뿐 ——————— 76
📎 기존의 투자금 모집과 코인 모금(DAO)의 본질적 차이는? ——— 80

★코인의 종류별 용도 정리	82
3.7 채굴경쟁의 문제점과 변형된 블록체인	83
3.7.1 채굴경쟁의 문제점	83
3.7.2 '지분위임증명'이라고 하는 이오스의 운영방식	83
3.7.3 폐쇄적인데 코인은 있는 플랫폼 블록체인, 코인이 없는 퍼블릭 블록체인	85
3.8 블록체인 활용 사례 및 전망 분석	87
⌀ 코인은 투기일 뿐이지만, 블록체인 기술은 발전시켜야 한다?	95
★블록체인의 종류와 특징 정리	98

4 비즈니스, 각 국가의 입장, 붕괴 조짐

4.1 돈 버는 사람, 돈 쓰는 사람	101
4.2 블록체인 비즈니스의 본질	102
4.2.1 원래 돈의 이동을 보고 판단한다	102
4.2.2 다른 돈의 이동과 비교 - 사기, 도박, 주식, 복권	103
4.3 각 국가의 포지셔닝	105
4.3.1 중국에서는 금지되고 미국에서는 활발한 이유	105
4.3.2 대한민국	107
★디지털위안화	110
★비트코인 ETF	111
4.3.3 허용하는 것이 정말 글로벌 스탠다드인가?	112

5 제도는 어떻게 만들어지고, 개인은 무엇을 할 수 있는가?

5.1 객관적 사실과 다른 얘기들만 잔뜩 있는 이유	114
5.2 심각한 사회적 폐해 - 이런 얘기는 누가 하나	117
5.3 대한민국 현행 법규	121
⌘ 투자자 보호 장치를 마련한다는 논의, 배를 산으로 올렸다	124
5.4 제도가 운영되는 메커니즘	126
5.5 개인이 사회문제에 무엇을 할 수 있을까?	130
5.5.1 이미 아는 대로 하면 된다	132
5.5.2 블록체인의 과학, 경제학, 사회학, 철학	138

독서퀴즈 140
저자와의 대화 144
참고자료 148

1 이거 하나만 질문해보자
– 정말 코인으로 결제를 받는다고?

1.1 비트코인으로 결제가 된다는 기사들

2021년 8월 미국 퀴즈노스 샌드위치 매장에서 비트코인 결제를 받는다는 기사가 나왔다. 정말 이상했다.

이게 도대체 무슨 일이람?

결제에 쓴다는 말 나온 지가 언젠데 그래.

쓰는 사람 봤어?

어디 있나 보지.

그런 말이 아니야.

비트코인 가격이 급등한 2017년부터 코인으로 결제한다는 얘기가 언론을 장식했지만, 실제로 쓰이지는 않는다. 사실, 비트코인은 가격이 변동하는 것도 문제지만, 원래 블록체인 시스템이 결제를 처리하려고 만든 것이 아니라서 기능적으로도 부합하지 않는다. 이 점은 이미 아는 사람은 다 안다.

더구나, 2021년 3월 테슬라가 비트코인으로 결제를 받는다고 발표했다가 며칠 만에 철회한 일이 있었다. 그 CEO의 영향력 덕분에 비트코인 가격이 폭등했다가 급락했는데, 그 와중에 테슬라는 비트코인을 매도해서 1,000억 원도 넘게 벌었다고 했다. 주식과 달리 규제가 없어서 감옥에도 안 가고 잠깐 욕 먹는 것에 그쳤지만, 그 일을 계기로 '역시 결제는 안 되는 게 맞지. 투자해놓은 다음에 결제받는다고 말해가지고 돈 버는구나.'라고 이해는 됐다.

그런데 퀴즈노스가 그 정도의 영향력이 있나? 심지어 테슬라 이후로 이런 기사들이 계속, 더 많이 나오고 있다. 그 내용도, 예전에는 법정화폐가 불안정한 지역에서 대안으로 쓸 수 있지 않겠냐는 것이었는데, 지금은 미국 큰 기업들이 굳이 비트코인 결제를 받겠다는 것이다. 페이팔, 비자도 코인 결제서비스에 참여한다고 하니, 사람들은 이들이 보유한 가맹점들에까지 코인 결제가 확대될 거라고 기대한다. 프로젝트의 스케일도 커졌다. 엘살바도르에서 아예 법정통화로 쓰겠다는 계획이 발표되기도 했다.

과연 뭐가 어떻게 돌아가고 있는 걸까?

호기심을 가지라며.

이상한 걸 질문하고
답을 찾아가면 되는 거야!

1.2 비트코인은 사용에 10분이 걸리는데, 어떻게 현장 결제를 하지?

비트코인은 전산코드에 수량을 기록하고, 이것을 A주소에서 B주소로 보내는 기록을 자발적 참여자들이 처리하고 보관함으로써, 돈 대신 쓸 수 있다고 하는 프로그램이다. 수량을 기록한 전산정보가 비트코인, 이것을 A주소에서 B주소로 보내는 것을 트랜잭션이라고 한다. 트랜잭션을 2~3천 개씩 모은 데이터 저장 단위가 블록이고, 블록을 순서대로 저장한 것이 블록체인이다.

블록을 만들면 보상으로 코인을 받는다(채굴). 비트코인의 블록 크기는 1MB로, 약 10분에 1개씩 생성되도록 프로그래밍 되어 있다. 기술 부족으로 느린 것이 아니다. 블록을 만들었을 때 프로그램에서 신규 코인이 생성되어 채굴자에게 보상으로 지급되기 때문에, 코인 발행량을 일정하게 유지하기 위한 것이다.

〈비트코인 작동원리〉

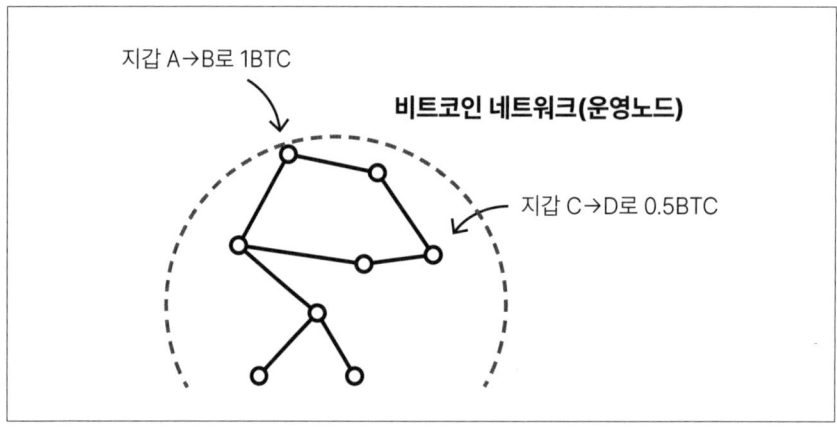

* 지갑 프로그램과 운영 프로그램은 별개이고, 인터넷에서 다운받는다.

1. 지갑 프로그램에서 비트코인 네트워크로 트랜잭션 요청들이 전송됨
2. 참여한 컴퓨터들이 인터넷 P2P 방식으로 정보를 서로 전파함
3. 트랜잭션 요청 2~3천개를 모아서, 블록을 생성
4. 만든 블록을 마찬가지로 전파

트랜잭션 요청은 다르게 쌓이지만, 생성된 블록을 모든 컴퓨터에서 똑같이 보관하므로 블록 기준으로는 데이터가 통일된다.

받은 쪽에서 비트코인을 사용하려면 그 트랜잭션이 블록에 기록되어 블록

체인에 연결된 상태여야 한다. 즉 트랜잭션이 확정되려면 블록이 생성되기를 기다려야 한다.

블록을 만들면, 2가지로 보상을 받는다. 프로그램에서 신규 비트코인을 생성하여 지급하고, 양도인 쪽에서도 거래수수료를 지급한다. 거래수수료는 양도인이 보유한 비트코인에서 차감되어 채굴자의 주소로 이동된다. 이러한 보상들도 트랜잭션 데이터로서 블록에 기록된다.

요약

- 데이터가 실시간 처리되지 못한다.
- 모두가 모든 블록을 보관(중복기록)함으로써 데이터가 통일되는 방식이다.
- 작은 개수를 보낼 때도 수수료를 똑같이 내야 해서 부담이 크다.

데이터 처리면에서 비효율적인 것은 확실해 보인다. 애초에, '프로그램만으로 전산코드를 발행해서 배분하고, 그 트랜잭션을 관리해본다'는 데 의미를 둔 것이다. 그리고 수수료도 없는 게 아니다. 중앙의 처리업자가 아니라 채굴자에게 제공된다는 점만 다를 뿐이다.

이러한 특징은 이더리움도 마찬가지다. 이더리움은 '이더' 코인의 트랜잭션뿐 아니라, 다른 코인을 발행한 프로그램 실행코드를 블록에 기록할 수 있게 개발되었다. 즉, 어떤 코인을 발행하거나 양도하면, 이더리움 블록체인에서 데이터를 처리하는데, 이때 '이더'를 수수료로 내야 한다. 코인을 발행하는 사람들이 많기 때문에 이더리움은 대박이 나게 되었다.

1.3 가격이 변하는 코인을 받으면, 회사는 재무 리스크를 어떻게 관리하지?

받아두세요.
이게 앞으로 괜찮을 거예요.

제가 안 괜찮아요.

재료비, 인건비, 세금, 임대료…
당장 다 돈으로 나가야 되는데.

근본적인 문제는 가격변동이다. 쓰는 사람은 재미로 한번 해본다 치고, 그걸 여러 사람으로부터 받아야 하는 회사 입장에서 생각해보자. 정상적인 회사라면 외화결제를 받아도 환헤지를 한다. 변동성이 훨씬 큰 코인을 받는다면, 언제 팔지 신경 쓰다가 본업이 코인 투자가 되고 말 것이다.

'코인 결제' 하면 빠지지 않고 나오는 얘기—2010년 어떤 개발자가 1만 BTC로 피자 두 판을 사 먹은 일이다. 그 사람에 대해서 불쌍하게 생각할 필요가 전혀 없는 것이, 2010년에 비트코인을 그만큼 채굴하고 있었을 정도면 피자를 사 먹고 남은 비트코인만으로도… 와우! 중요한 건 그게 아니라,

비트코인이 자기들끼리 돈으로 치고 주고받는 것은 당연히 자유지만, 범용 서비스로서의 결제는 말이 안 된다는 점이다.

그런데 그걸 해냈다!

그러니까. 다 방법이 있겠지.

의문을 좀 가져.
어떻게?
그리고 그런 걸 누가,
왜 만드는가?

1.4 코인 결제서비스는 어떤 프로세스로 하는 걸까?

코인을 사서 결제사업자에게 맡겨두면, 사용할 때 시세에 따라 필요한 수량만큼 차감된다. 이 기록은 그냥 결제사업자가 처리하는 거라서 실시간 승인이 가능하다. 판매자는 돈이나 코인 중 원하는 것으로 받기 때문에 위험부담이 없다.

〈테슬라의 비트코인 결제서비스〉

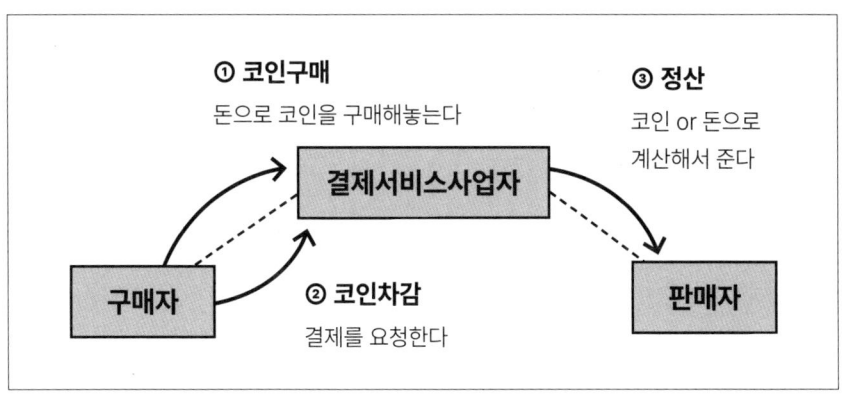

* 구매 취소 시 환불은? 테슬라의 경우, 돈 또는 코인으로 회사가 선택하여 지급한다고 되어 있었다. 이때의 코인은 자기가 지급한 수량이 아니라 환불 시점의 시가로 계산힌 수량이다. 얌체 같아 보이시만, 이렇게 하지 않으면 가격변동 리스크를 회사가 져야 하기 때문에 그쪽 입장에서는 당연한 것이다.

이제 테슬라에서 어떻게
비트코인을 받는지 알게 됐다~

이럴 줄 알았냐!

1.5 이용자도 없는 이런 결제서비스를 누가, 왜 만들고 있을까?

현금 외 시중에 존재하는 결제수단은 선불/직불/후불로 구분된다. 돈이 계좌에서 언제 빠져나가는지(미리 충전해둘 수 있다/결제할 때 딱 그만큼만 빠진다/신용으로 쓰고 나중에 빠진다)에 따른 차이다. 어떤 경우이든, 회원과의 관계에서는 출금 비용을 사업자가 부담하고, 가맹점으로부터 결제수수료를 받는 것이 사업 모델이다. 결제를 처리하려면 단말기/전산망 등의 인프라 구축이 필요하기 때문에 상당한 투자가 이루어져야 하고, 결제 건수가 규모의 경제에 도달해야 수익이 발생한다.

〈결제서비스의 프로세스〉

그런데 비트코인으로 결제를 만든다 하더라도 실제로 많이 이용될 리가 있을까? 이용자가 늘어날 가능성이 없는 신규 사업이라니! 물론 수수료를 목적으로 하지 않고, 이용자를 많이 모아서 광고 같은 다른 수익을 노리는 비즈니스 전략도 있다. 하지만 그 서비스의 이용자를 늘리는 것이 전제이다.

아… 진짜

앞으로도 이용 건수가
늘어날 리는 없는데…

니가 왜 고민을 해.

궁금하잖아.

돈 많으면 한번 해볼 수도 있지.

사업에 그런 게 어딨어.
아! 돈!

그렇다! 누가 돈을 버는지 보면.
추리소설에서는 그걸로 범인을 찾잖아.

코인 결제가 된다고 하면 코인의 가격이 오른다. 가격이 다시 내리더라도, 일단 관심을 받으면서 거래량이 느는 것은 분명하다. 이렇게 되면 무조건 좋은 곳은?

코인거래소다. 코인거래소들은 코인에 대한 관심과 거래를 유도하고, 자기 전자지갑서비스로 결제가 된다는 마케팅적 차별성을 주기 위해서 이 서비스를 만든다. 이용자에게 코인을 사게 하고, 사용한다고 할 때 팔아주는 것 자체가 거래소 기능이다. 그 과정에서 이용자에게 수수료를 받는다.

결제용 코인이라고 따로 나오는 것도 많다. 이런 경우는 코인을 만든 사업자가 결제서비스 생태계를 조성한다. 코인은 누구나 만들 수 있지만, 파는 것이 관건이다. 결제를 표방하고 제휴처가 많다고 광고하면, 코인이 거래소에서 팔리기 시작한다. 그 순간, 사업자는 자기가 만든 전산코드가 현금이 되는 기적을 이룬다. 이렇게 들어온 이익의 일부만 투입하면, 높은 할인율을 제공하면서 관심을 끌 수 있다. 그 혜택도 코인으로 주면, 돈이 드는 것도 아니다.

한마디로, 결제서비스는 코인을 사게 하려고 만들어낸 것이다. 가맹점들은 코인으로 결제받는 목적이 아니라, 투자 파트너로서 참여한다. 충전금이나 상품권과 달리, 코인은 발행인이 보유자에게 액면 금액만큼의 사용을 보장하지 않는다. 쓰고 싶을 때 다른 사람에게 팔 수 있게 거래 중개 기능을 제공할 뿐이며, 이조차 법적인 의무는 존재하지 않는다. 이것이 '탈중앙화', 즉 책임 주체가 없는 블록체인의 특성이다. 사업으로서는 매력적이지 않을 수 없다(3.5 코인의 종류 구별 참조).

* 탈중앙화라서 수수료 받는 사람이 없다?
결제서비스는 가맹점이 수수료를 낸다. 판매자들은 수수료 아끼려고 현금만 받다가는 판매 기회를 놓치기 때문에 가맹점이 된다. 그런데 테슬라에서 코인으로 결제하려는 손님을 안 놓치려고 굳이 거래소에 수수료 내면서 고인 결제를 받을까? 이들은 비즈니스 동업자이다. 거래소는 코인을 팔면서 수수료를 받기 때문에 가맹점에서 결제수수료를 받을 필요도 없다. 이런 걸 가지고, 새로운 기술력으로 수수료를 낮춘 것처럼 얘기하는 사람은?

🔖 화폐결제와 코인결제 - 본질적 차이는?

우리는 '결제에 쓴다'는 말만 듣고, 같다고 생각한다. 그러나 그 실상은, 비즈니스 생태계(어떤 플레이어들이 무엇을 해서 어떻게 돈을 버는지)에서 구분되는 것이다. 선불사업자가 1만원을 받으면, 자기 돈이 아니고 채무다. 구매대금으로 사용될 때 약간의 수수료를 떼는 것이 이들의 수익이다. 그런데 코인은 파는 즉시 1만원이 그냥 자기 돈이다. 이용자가 코인을 결제에 쓰려고 할 때, 시세가 얼마이든, 그 결제를 가능하게 해주는 돈은 다른 코인투자자의 주머니에서 새로 나온다. 사업자는 코인을 팔 수 있게 해주고, 판 돈을 가맹점에 전달해줄 뿐, 애초에 받은 1만원은 건드리지 않는다.

이것이 이용자들과 상관없는 사업의 문제일까? 그런 비즈니스 모델이기 때문에 코인으로는 절대 제대로 된 결제서비스를 할 수 없는 것이다. 결제에 쓰이려면 가치가 고정되어 있어야 하지만, '앞으로 이용처가 확대되면 오를 것'으로 기대하는 사람들에게 코인을 팔아야 하기 때문에 가격이 변동이어야 하는 모순. 여기서 본질이 나온다. 코인결제는 '결제'가 아닌 '코인 판매'라는. 여기까지는 소신의 문제가 아니라 그냥 사실이다. 사회적 가치는 이 사실에 기초해서 볼 수 있다. 개인들에게 돈을 딸 수도 잃을 수도 있는 판이 하나 더 벌어졌다는 것임. 그리고, 누군가에게는 큰돈을 벌 기회가 생겼다는 것임. 이 현상을 어떻게 대할지의 토론은 여기서부터 시작되어야 한다.

🖉 주식과 코인이 뭐가 다르냐고?

앞에서 본 것처럼 코인 결제서비스의 구조는 특별한 것이 아니다. 같은 방식으로 중개하면 뭐든지 결제에 쓰일 수 있다. 예를 들어, 주식은 거래소가 있어서 시가도 존재하고 바로 환전이 되기 때문에 똑같은 서비스를 쉽게 만들 수 있다. 그런데 증권사들은 왜 거래만 중개하고 결제서비스를 한다는 말이 없나? 주식도 이제 소수점 단위로 거래되는데 말이다.

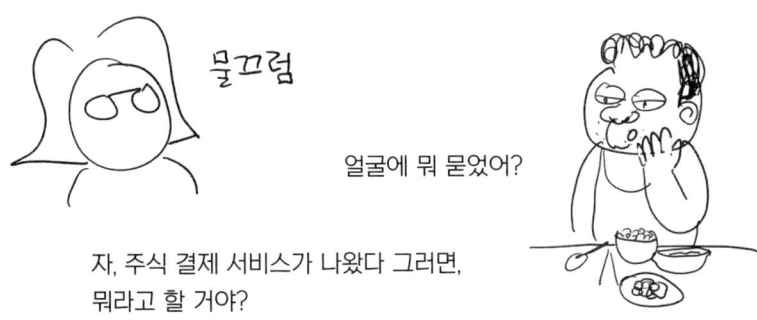

증권사가 주식 결제서비스를 안 하는 이유는 필요가 없기 때문이다. 주식은 회사에 대한 지분증권이라서 주주총회에서 의결도 하고 배당을 받기도 하지만, 사람들이 주식을 사고파는 목적은 돈을 버는 것이다. 우연의 사정에 의해 돈을 벌기도 잃기도 하는 점이 도박과 동일하지만, 기업의 자금조달이라는 사회적 유용성이 있기 때문에 자본시장법을 통해서 특별히 허용되었다. 대신 여러 규제를 받는다. 어쨌든 왜 주식 거래를 허용해야 하는지 어필할 필요가 없다.

반면 코인은 화폐 대용으로 쓰일 수 있다는 믿음이 퍼지면서, 새로운 기술, 새로운 금융이라는 명분이 코인거래소의 존재를 지탱하고 있다. 처음부터 그냥 거래만 하겠다고 등장한 것이 아니다. 그랬다면 지금처럼 되기 전에 벌써 도박으로 금지됐을 것이다. 따라서, 앞으로 결제가 될 수 있다는 믿음을 계속 퍼트리는 것은 거래소로서는 매우 중요한 일이다.

〈형법〉

제246조(도박, 상습도박) ① 도박을 한 사람은 1천만원 이하의 벌금에 처한다. 다만, 일시오락 정도에 불과한 경우에는 예외로 한다.
② 상습으로 제1항의 죄를 범한 사람은 3년 이하의 징역 또는 2천만원 이하의 벌금에 처한다.
제247조(도박장소 등 개설) 영리의 목적으로 도박을 하는 장소나 공간을 개설한 사람은 5년 이하의 징역 또는 3천만원 이하의 벌금에 처한다.

(대법원 2008. 10. 23. 선고, 2006도736, 판결) 도박은 '재물을 걸고 우연에 의하여 재물의 득실을 결정하는 것'을 의미하는 바, 여기서 '우연'이란 주관적으로 '당사자에 있어서 확실히 예견 또는 자유로이 지배할 수 없는 사실에 관하여 승패를 결정하는 것'을 말하고, 객관적으로 불확실할 것을 요구하지 아니한다. 따라서, 당사자의 능력이 승패의 결과에 영향을 미친다고 하더라도 다소라도 우연성의 사정에 의하여 영향을 받게 되는 때에는 도박죄가 성립할 수 있다.

〈자본시장법〉

제10조(다른 법률과의 관계) ① 금융투자업에 관하여는 다른 법률에 특별한 규정이 있는 경우를 제외하고는 이 법이 정하는 바에 따른다.
② 금융투자업자가 금융투자업을 영위하는 경우에는 「형법」 제246조를 적용하지 아니한다.

📎 송금에만 쓴다고 하면 화폐 대용이라고 주장하기 어려운 이유

지급거래에는 두 가지 종류가 있다.

①**송금**: 지급인 계좌/계정에서 수취인 계좌/계정으로 실시간 돈을 보내는 것
②**결제**: 결제사업자가 결제를 승인한 뒤에 판매자에게 따로 정산해주는 것
두 가지 모두, 금융기관에서 돈을 관리하면서 데이터를 처리하는 서비스다.

비트코인 트랜잭션에서 왜 코인을 주는지는 둘 사이의 문제이고 드러나지 않기 때문에 ① '송금'과 유사하다. 당사자 간에 수량과 주소를 약속해서 실행하면 될 것이다. 비트코인으로 피자를 사 먹었다는 것도 이렇게 한 것이다. 다만, 송금도 데이터 처리가 오래 걸리면 불편하고, 거래수수료[1]도 발생하기 때문에 정상적인 상황에서는 이용될 일이 없다.

---

1 보내는 쪽: 트랜잭션을 블록에 기록하는 대가로 자기가 가진 코인의 일부를 채굴업자에게 지불.
   받는 쪽: 받은 코인을 돈으로 환전할 때 코인거래소에 수수료 지불.

유용한 경우가 있다면, 익명으로 큰돈을 보낼 때이다. 비트코인 주소는 지갑 프로그램만 깔면 신원확인 없이 생성되기 때문에 트랜잭션 당사자가 누구인지 숨겨진다. 결국, 돈세탁, 불법거래, 외국환 신고 회피에 이용되고 있어서 이미 골칫거리가 되고 있다. 이렇게 보면, 송금 기능은 코인 거래의 당위성을 뒷받침하기는커녕, 오히려 코인 거래를 막아야 하는 이유가 될 것이다(4.3.1 중국에서 코인을 금지한 이유 참조).

# 블록체인의 기술적 원리
- 기본만 알면 '기능'과 '활용'은 저절로 판단된다

비트코인은 코인의 이름이면서, 그 블록체인 네트워크를 말하기도 한다. 이더리움, 이오스 같은 다른 블록체인도 원리는 동일하다. 기본 원리를 이해하면, 기능적 한계를 알게 되고, 용도에 대한 주장들이 과연 타당성이 있는지도 판단할 수 있다.

그걸 다 설명하겠다고?
나 하루 종일 일하고 온 사람이야.

잠깐이면 된다구

아까는 비즈니스가 중요하다며.

기술적 내용도 기본은 알아야지.

어떻게 생긴 건지도 모르면서,
제도를 이러니 저러니 얘기하는 게 말이 돼?

서울 가는 방향을 논하는데,
자기가 어디 있는지 모르는 거랑 마찬가지지.

이거는 법륜스님 말씀이라고.

                         법륜스님? 스님이 뭐라고 했는데?

좋은 말씀이 많지.
여기서 말하면 길어지니까,
인터넷에서 '정토회' 검색해보라고.

2.1 비트코인 프로그램의 목표: 전산코드에 개수를 적어서 돈처럼 주고받기

목표: 전산코드를 생성하여 돈이라고 치면서 주소(계정)로 주고받을 수 있게 만든 프로그램. 돈을 계좌로 주고받듯이, 수량을 기록한 코드를 계정으로 주고받는다.

당면 과제
① 신규코인을 발행해서 누구에게 지급할 것이며
② 사용기록은 어떻게 처리·보관할 것인가?

해결책: 코인 인센티브로 자발적 참여 유도—기록하는 자에게 코인을 지급한다. ①, ②가 중앙통제가 아닌 프로그램 알고리즘으로 된다고 해서 '탈중앙화'라고 한 것이었다. 특히 ①이 핵심이다(2.3.6 탈중앙화의 개념과 변질 참조).

2.2 코인의 사용 프로세스

지갑 프로그램과 운영 프로그램이 따로 있다. 그냥 코인을 사용할 사람은 지갑 프로그램만 깔면 된다. 지갑 프로그램을 깔면 주소가 생성된다. 여기서 트랜잭션을 요청하고, 운영 프로그램에서는 그걸 받아서 처리한다. 운영프로그램을 설치한 컴퓨터는 데이터를 저장하는 서버의 역할도 하게 된다.

몇 가지 특징을 살펴보자.

① **주소의 익명성**: 주소는 신원확인 절차가 없으므로 익명이다. 익명으로 개설된 계좌에 있는 돈의 임자는 누구일까? 계좌 비밀번호를 아는 자가 임자일 것이다. 주소마다 개인키가 부여되고, 그걸 입력해야 지갑에 있는 코인을 다른 주소로 보낼 수 있다. 개인키를 잃어버리면 코인을 못 쓰게 된다.

② **이중사용 방지 장치**: A가 B에게 보낸 코인을 B가 받아서 사용하려면, 그 트랙잭션이 블록에 담겨서 블록체인으로 연결되어 있어야 한다. 여기에 10분의 시간이 걸린다. 그사이 A가 같은 코인을 다른 곳에 사용하는 것을 방지할 필요가 있다.

코인은 전산기록이므로, A가 가지고 있던 코드가 그대로 B에게 이동하는 것이 아니다. A의 코드는 사용된 코드로 분류되고, B 앞으로 새로운 코드가 발행된다. 사용된 코드들은 블록 외부에 따로 저장되는데, 새로운 트랜잭션이 요청되면 거기 없는 것이 확인되어야 전파된다.

실물 화폐: 물리적 동일성 유지

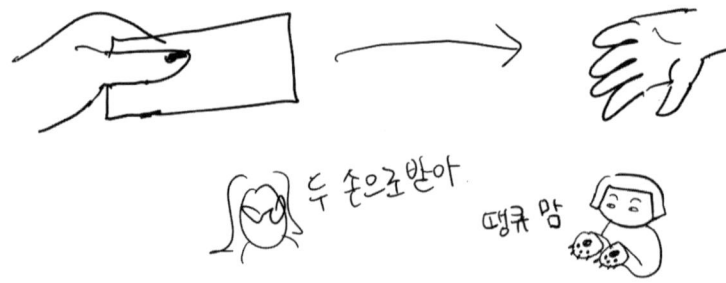

계좌: 금융기관의 덧셈/뺄셈의 결과인 잔액

코인: A의 10BTC 코드는 다시 입력할 수 없도록 '사용 코드' pool에 저장되고, A→B(5BTC), A→채굴업자(0.0005BTC), A→A(4.49995BTC) 3개의 코드가 새로 생긴다.

③ **트랜잭션 수수료**: 신규 코인으로 기록에 대한 보상을 주는 것과 별도로, 트랜잭션을 요청하는 사람도 자기 코인을 좀 떼 줘야 된다. 코인은 얼마든지 작은 단위로 쪼갤 수 있기 때문에 고의로 여러 건의 트랜잭션을 요청해서 네트워크를 방해하는 것을 막는 의미도 있다. 수수료는 정해진 것은 없다. 너무 작게 부르면 블록에 담아주지 않으니까 적당히 상황을 보고 제시한다.[2]

---

2 2021년 기준으로 트랜잭션 하나 기록하는 수수료는 0.0005BTC. 1비트코인을 5,000만원으로 잡았을 때 2만5천원에 해당한다.

2.3 채굴을 알면 유지될 수 없는 이유가 보인다

딱 이것만 알면, 왜 블록체인에 대한 환상이 생겼는지,
채굴사업이 어떻게 돌아가는지, 블록체인과 금이 뭐가 다른지
전부~ 알게 된다고.

책 써봤자 별로 읽히지도 않을 것 같고,
차라리 유튜브 찍을까?

유튜브는 누가 본대?
헉, 왜 그래?

맘순이 요즘 필라테스하잖아.
어깨 말린 게 진짜 쫌 펴졌어.

2.3.1 블록체인이라고 하는 이유

중요한 건 트랜잭션이 블록에 잘 담기고 블록이 순번대로 잘 정리되는 것이다. 각 번호의 블록은 딱 1개씩만 있어야 한다. 여러 컴퓨터가 동시에 블록을 만들려 하기 때문에, 먼저 만들어서 전파한 블록을 인정해서 보상한다.

그런데, 만들어진 블록도 P2P로 전파되는 것이다. 남의 블록을 인정 안 하고 자기 블록만 만들고 있으면, 네트워크의 목표를 달성할 수 없다. 이를 방지하기 위해서, 블록을 만들 때는 직전 블록의 정보를 이용하도록 했다. 이렇게 하면, 남이 그 번호의 블록을 먼저 만든 것이 도착하면, 싫더라도 그걸 붙여 주고 다시 거기서부터 다음 블록을 만들도록 행동이 유도될 수밖에 없다. 블록체인에서 마지막 블록의 정보를 물고 있어야 그 다음 번호로서 유효한 블록이 될 수 있는데, 그냥 내 블록 만들기를 고집하면 성공한다고 해도, 다른 컴퓨터들은 이미 남이 만든 블록을 붙여 놓고 있어서, 내 블록을 붙여주지 않는다. 덕분에 경쟁관계에 있지만, 서로 협조할 수밖에 없다.

2.3.2 채굴이 뭐고, 왜 전력이 많이 필요한지

블록을 만드는 것을 채굴이라고 한다. 이때 프로그램에서 코인을 자동생성해서 보상으로 주기 때문이다.

트랜잭션을 모아서 블록 형식을 갖추는 것은 프로그램에서 자동으로 된다. 그렇지만, 각 블록에는 1등을 정해야 하기 때문에, 조건에 맞는 숫자를 찾아서 넣어야 하는 퍼즐이 붙어있다. 그 숫자를 논스(nonce)라고 한다. 채굴작업은 논스를 찾는 것이다. 논스는 논리적으로 계산되는 게 아니고, 이것저것 입력하다가 우연으로 찾아진다. 빨리, 많이 입력하면 무조건 좋은 속도 경쟁이어서 설비투자를 많이 해야 되고, 전력 소비가 많아지게 되었다.

블록체인의 작동 원리를 이해하려면 해시함수라는 것을 알면 된다. 블록에 기록된 데이터를 검증할 때 해시함수를 이용하고, 논스를 찾을 때 해시퍼즐을 이용한다.

해시함수: 글자 또는 숫자를 입력하면, 그 내용이나 길이에 상관없이 고정된 길이의 출력 값이 나오게 설계되어 있는 함수. 해시함수의 출력 값 Y는 '정수'이다.[3] 특정 X에 하나의 Y가 존재하는데, 논리적 관계는 없어서 Y값을 가지고 거꾸로 X값을 맞출 수는 없다.

---

3 워낙 큰 숫자여서 16진수로 표시되기 때문에 숫자와 알파벳이 섞여 있는 암호문처럼 보인다.

〈해시함수 활용〉

 원본 파일의 해시 값과 검사대상 파일의 해시 값을 구해보면, 차이가 있는지 바로 알 수 있다. 조금이라도 다른 부분이 있으면, 전혀 다른 Y값이 나오기 때문이다. 단 어디가 어떻게 변형됐는지를 찾아주는 것은 아니다.
 각 블록은 트랜잭션을 2~3천 개씩 나열식으로 저장하고 있다. 그것들의 해시 값을 구해서 블록 앞쪽에 다시 기록함으로써, 블록의 데이터가 모두 일치하는지 간단히 검증할 수 있게 했다.

해시퍼즐: 해시함수의 Y값을 주고, X를 찾게 하는 것. 각 블록마다 Y값이 제시된다. 제시된 숫자와 같거나 작은 Y값이 나오게 하는 X값들 중 아무거나 하나를 찾으면 된다. 어떤 Y를 나오게 하는 X는 하나인데, 딱 그 숫자를 찾으라고 하면 불가능에 가까워서 퍼즐로서 기능을 못 한다. 따라서 여러 개의 논스 중 하나를 찾아서 블록을 빨리 전파하는 쪽이 채굴로 연결된다.

〈블록의 구조〉

블록의 몸통(Payload)

- 2~3천 개의 트랜잭션이 공개되어 있음(주소가 익명이라 어차피 누군지 모름)

블록의 머리(Header)

① 블록 번호

② 프로그램 버전

③ 블록 생성 시간

④ 페이로드의 모든 트랜잭션을 넣어서 만든 해시값

⑤ 바로 직전 블록의 헤더에 있는 모든 정보로 만든 해시값

⑥ 해시함수의 목표값 Y

⑦ 논스

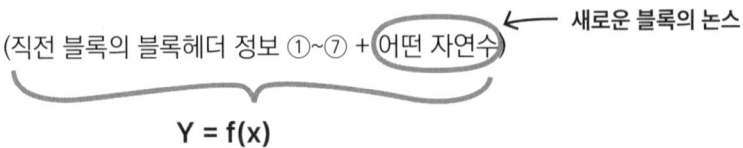

(직전 블록의 블록헤더 정보 ①~⑦ + 어떤 자연수) ← 새로운 블록의 논스

$$Y = f(x)$$

직전 블록의 정보들에 임의로 아무 자연수를 추가하여 해시함수의 X자리에 넣는다. 나오는 Y값이 제시된 Y값과 같거나 그보다 작으면, 블록이 생성된다.

블록의 생성 속도가 일정해야, 사용자들은 트랜잭션 기록에 소요되는 시간을 예상할 수 있고, 비트코인 생산량도 계획대로 조절된다. 따라서, 프로그램에서는 블록이 2,106개 생성될 때마다(10분×2,106=약2주) 해시퍼즐의 난이도를 조정하여 평균 풀이시간을 10분으로 유도한다. 해시퍼즐의 Y값을 작게 하면 난이도가 올라가고, Y값을 크게 하면 난이도가 낮아진다.[4]

---

[4] Y는 숫자이고, 각 Y마다 대응되는 X가 한 개씩 존재한다. 제시된 것과 같거나 그보다 작은 Y를 만드는 X의 개수는? Y개이다. Y가 작을수록 유효한 논스가 될 수 있는 X들이 적어지기 때문에 뽑을 확률이 낮아진다.

2.3.3 합의 알고리즘

블록체인은 정보를 중앙에서 한번에 처리하는 것이 아니라, 각 노드가 프로그램에 따라 전파-검증-보관을 처리한다. 그래서 실시간 기준으로는 정보의 전달 상태에 항상 차이가 있게 된다. 저쪽에서 이미 블록을 돌리고 있는데, 이쪽에서도 거의 동시에 블록을 만들어서 돌릴 수 있다.

그렇게 되면, 누구는 100(A), 누구는 100(B)를 붙여 놓은 상태가 된다. 100번 블록이 2개로 갈라진 것이다. 이런 상황은 시간을 두고 다음 블록이 만들어지면서 자연히 해소된다. 각자 101(A), 101(B)를 만드는 중에, 101(A)가 먼저 나와서 전파된다고 하자. B그룹도 101(A)를 받게 된다. A그룹은 이미 102(A) 작업에 들어갔기 때문에, B그룹은 계속 101(B)를 만들고 있다가는 시간이 지날수록 설 자리가 없어질 것이다. 100(B)를 버리고 100(A)-101(A)를 받아서, 102(A) 작업을 하는 것이 유리하다.

이렇게 데이터가 통일되는 과정을 합의 알고리즘이라고 한다. 블록체인은 서로 연락하고 합의하는 개념이 따로 없다. 프로그램 알고리즘에 따르면서 각자 이익을 추구하다 보면 데이터가 통일되도록 설계한 것이다. 확률적으로, 6개의 블록이 뒤에 붙었다면 그 블록은 무효가 될 가능성이 거의 없다고 한다. 채굴보상금은 블록을 만들면 바로 주는 게 아니라, 뒤에 25개의 블록이 붙어야 지급된다.

2.3.4 트랜잭션의 취소와 확정

흔하지는 않지만 내 트랜잭션이 기록된 블록이 무효가 될 수가 있다. A→B 간 트랜잭션이 100(B)에 기록되어 있었다고 하자. B는 코인을 쓸 수 없다. B가 받은 코인을 C 앞으로 입력하고 나서 100(B)가 무효로 되면, C도 비트코인을 사용하지 못한다.

비트코인의 지급이 언제 이행됐다고 볼지는 상호 약속하기 나름이다.

① **지갑에서 노드로 트랜잭션 요청(즉시)**: 사용된 비트코인 코드들을 블록 외부에서 따로 관리하여, 두 번 입력하면 트랜잭션이 전파되지 않는다. B는 아직 받지 못했지만, A는 보냈다고는 할 수 있다. 그런데, 제대로 입력했는지 알려면 둘이 같이 있든지 해야 될 것이다.
② **트랜잭션이 포함된 블록이 체인에 연결(10분)**: B가 지갑에서 주소를 검색하면 비트코인이 들어와 있으므로 사용할 수 있다.
③ **6개 블록이 추가로 생성되는 것을 확인(1시간)**: 블록이 무효화될 가능성이 거의 없어지는 시점이다.

보통은 ②단계까지는 확인하기 때문에 10분 정도가 걸린다고 한다.

거래 취소는?

입력하면 취소할 방법은 없어.
상대한테 돌려달라고 해봐?

2.3.5 코인의 총 생산량

비트코인은 총량 2천 1백만 BTC에 수렴하게 설계되어 있다. 21만 번째 블록까지는 50BTC, 다음 21만 번까지는 25BTC, 다음은 12.5BTC, 그 다음은 6.25BTC… 이렇게 블록 21만 개, 4년마다 보상금이 반감된다. 코인의 총량을 조절해야, 화폐처럼 쓰자는 얘기가 성립하기 때문이다.

〈비트코인 발행 추이〉

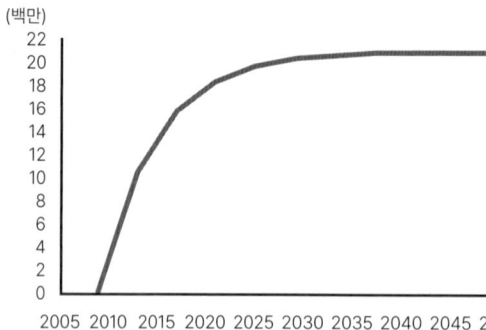

앞에서 많이 주는 구조라서, 처음 24년 동안 99%가 발행된다.

〈이더리움 발행 추이〉

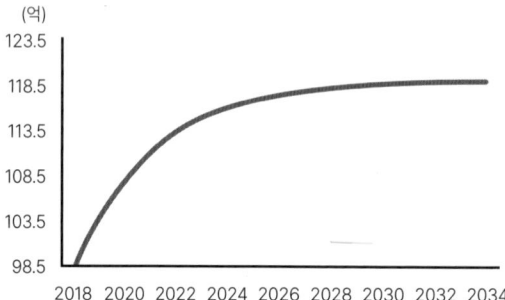

2.3.6 비트코인 외의 코인은 탈중앙화가 아니라 오히려 정반대

코인 트랜잭션을 기록해야 코인이 생기는데, 최초에는 뭘 가지고 기록할까? 프로그램을 개시할 때 개발자가 자기 주소로 먼저 코인을 발행해 놓는다. 이것을 '프린팅', 우리나라 말로는 '선발행'이라고 한다. 선발행된 내용도 블록에 담긴다. 코인은 블록에 기록되어 있어야 사용할 수 있기 때문이다. 그 내용을 기록한 것이 제너시스 블록이다. 다음부터는 채굴을 통해 코인을 획득한다.

제네시스 블록에는 코인이 몇 개 있을까? 그 개발자 마음일 것이다. 비트코인의 제네시스 블록에는 50BTC이 기록되어 있다. 당시에는 블록 하나 만들었을 때의 보상금이 50BTC였으니까, 제너시스 블록에도 동일하게 부여한 것이다. 반면, 이더리움은 7천2백만 개가 선발행되었는데, 이는 2020년 8월까지 누적 발행량의 64%에 해당된다.

비트코인/이더리움이 아닌 코인들은 구조 자체가 완전히 다르다. 채굴로 생기는 게 아니라 사업자가 원하는 때 원하는 만큼 프로그램에 입력해서 만들어낸다. 게임에서 딴다, 글을 쓰고 받는다 라고 하지만, 사업자가 전부 가진 상태에서 일부를 이용자들에게 보상으로 뿌리는 것이다. 코인을 거래소에서 사는 사람들이 생기면, 사업자는 자기 코인을 처분하여 돈으로 바꾼다. 기술을 악용하는 문제가 아니다. 원래 그렇게 하는 것이 코인 비즈니스 모델이다!

비트코인을 '탈중앙화'라고 한 것은 데이터 처리 기술을 얘기한 것이 아니라, 코인의 발행과 배분이 채굴로 돌아간다는 의미였다. 그 과정에서 데이터 처리를 여럿이 하면서 블록체인 모양이 된 것이지, 서버가 분산되어 있다고 블록체인, 탈중앙화가 아니다. 그런데 이더리움은 처음에 개발자가 선발행을 대량으로 했다. 다른 코인들은 아예 채굴이라는 과정 자체가 없고, 사업자가 중앙에서 발행과 소유를 좌우하니까 더 말할 것도 없다. 이미 이더리움부터는 본질적으로 탈중앙화와 정반대가 된 것이다.

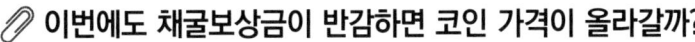 이번에도 채굴보상금이 반감하면 코인 가격이 올라갈까?

〈1블록당 채굴보상금〉

신규 코인 6.25 + 거래수수료 1.25(0.0005 × 2,500건) = 7.5 BTC*
*5천만원 1 BTC 기준으로 3억7500만원

비트코인의 반감기는 4년이므로, 2024년이 되면 3.125BTC가 된다.

채굴량이 반감할 때마다
희소성이 생겨서 가격이 오른다며?

누가 그래?

이미 90% 이상이 나온 비트코인과 이더리움. 앞으로 어떻게 될까?

지금까지는 채굴반감기가 오면 귀해지는 거라면서 가격이 오르는 현상이 있었다. 여러 전망보고서에서 그런 걸 부추겼다. 그리고 처음에 비하면 엄청 올라 있는 것이 사실이다. 그런데 이번에도 그럴까?

그래프를 보면 신규 생산량이 확 줄어서 직선에 가까워진다. 앞으로는 이미 나온 코인들을 돌려쓰면 되고, 번거로운 채굴이 없어져서 좋은 걸까? 새 코인을 받으려고 기록을 해주는 거다. 보상금이 줄어서 수익성이 떨어지면 기록을 누가 하겠는가.

- 비트코인 가격이 올라가면, 적게 받아도 될 거다? 지불하는 쪽에서 거래 수수료 비용이 커진다는 말이다. 중개자 없이 자율적으로 돌아가서 싸고 좋은 거라고 할 때는 언제였더라?

- 수익성 악화로 참여자들이 줄어들면, 난이도가 내려가서 유지될 거다? 언제는 기록에 많이 참여하는 거라서 좋다더니? 이게 돈이 되면 또 열심히 하는 사람이 나오니까 프로그램은 금방 난이도를 올릴 것이다.

- 블록체인에 기록하지 않고, 이미 나온 코인을 그냥 코인거래소를 통해서 주고받을 수 있을까? 지금 코인거래소의 매매는 그렇게 하고 있다. 사람들이 샀다고 생각하고 있는 비트코인의 숫자를 합치면, 실제로 채굴된 비트코인 숫자보다 훨씬 많을 것이다(3.4 거래소의 종류 참조). 하지만, 그걸 화폐 대용이라고 할 수 있나? 멀쩡한 돈 대신, 믿을 수도 없는 거래소라는 곳에서, 비싼 수수료까지 내고 비트코인을 쓴다? 말이 안 된다. 꼭 그걸로 몰래 돈 거래를 해야 되는 사람들을 위해서, 일반 투자자

들이 현금으로 바꿔주는 역할을 할 필요는 없을 것이다.

그냥 투기 기능만 있다는 것, 그 끝이 다 왔다는 것이 너무 뻔하다. 비트코인 알고리즘 자체가 이렇게 될 수밖에 없다. 원래 좋은 건데 누가 잘못 이용하는 게 아니라, 코인 인센티브의 한계인 것이다. 그렇게 뒤를 생각한 시스템이 아닌 것은 분명하다.

너무 부정적으로만 생각하는 걸까? 얼마 전에 카자흐스탄에 정전이 돼서 비트코인 채굴이 금지되니까, 가격이 폭락했다. 석유 같은 원자재는 잠깐 생산이 안 되면 가격이 오른다. 기존에 채취한 것은 새로 생산이 안 돼도 쓸 수가 있고, 실제로도 필요한 사람이 있으니까 당연히 가격이 오르는 것이다. 그런데 코인은 왜 값이 떨어질까? 여기서의 채굴은 곧 데이터를 처리하는 과정이다. 채굴이 안 되면 기존 코인이 쓸모없게 된다. 사람들도 그걸 다 아니까, 정전으로 채굴이 안 되면 귀해져서 가격이 오르는 게 아니라 떨어지는 것이다. 앞으로의 반감기도 같은 상황이 될 수 있다. 이걸 제일 잘 알고 있는 채굴업자들은 어떤 계획을 세우고 있을까?

응... 나라면 많이지

시간을 벌면서 그동안 다 팔고 접을 거야.
시설을 철거하는 게 어려운 것도 아니고,
계속 데이터 처리를 해줘야 되는
책임이 있는 것도 아니잖아.
어차피 내가 누군지도 모를 텐데.

📎 비트코인과 금의 결정적 차이는?

비트코인을 '디지털 금'이라고 하는 분들이 많다. 앞에서 본 대로, 다른 코인과 달리 제너시스 블록에 프린팅된 물량이 거의 없기 때문에, 비트코인은 다르다~고 하는 것이다. 그런데 다른 코인과 다르다고 금이 되는 건 아니니까, 한번 잘 살펴보자. 코인과 금의 차이는 뭘까? 그전에, 어떤 특징이 비슷하다고 본 걸까? 가격이 형성되어 있고 거래시장이 있어서 가지고 있으면 재산적 가치가 있다, 즉 '필요할 때 쉽게 돈으로 바꿀 수 있다'는 점일 것이다.

그럼 차이점은? 모양이 다르다? 금도 어디다 맡겨 두고 증서만 왔다 갔다 할 수도 있다. 가격변동성이 크다? 이것도 정도의 차이다. 비슷해 보이지만 본질적으로는 다른 경우가 있고, 달라 보이지만 사실 같은 경우도 있다. 그 본질적 차이 또는 공통점을 찾아야, 어떻게 취급할지를 제대로 논의할 수 있다. 결과물인 전산코드와 광물의 '보유자' 관점을 벗어나, 생산하고 유통하는 '사업자' 관점으로 보면 차이점이 바로 눈에 띈다.

"금은 채굴이 중단돼도, 이왕 가지고 있는 금은 팔 수가 있잖아.
그런데 코인은 어떻지?"

코인은 그 트랜잭션을 기록하는 채굴활동이 없으면, 기존에 발행된 것들을 사용할 수 없게 된다. 코인의 재산적 가치는 사용할 때 발휘되기 때문에 사용을 못하면 무용지물이다. 심지어 물리적 실체가 있는 금이라도, 특정시점 이후부터 양도할 수 없다고 하면 그 훨씬 전에 가격이 폭삭 떨어질 것이다. 따라서 채굴보상금이 반감될수록 코인이 희소해져서 가격이 계속 오른다고 생각하면 오산이다. 사업자들이 그런 미신을 조장하는 것뿐이다. 금의 저장 가치는 독립적이지만, 코인의 저장가치는 뒤에 들어오는 사람들이 계속 있지 않으면 그냥 없어져 버린다.

오 호
거래소가 역시
생태계의 중심이구나.

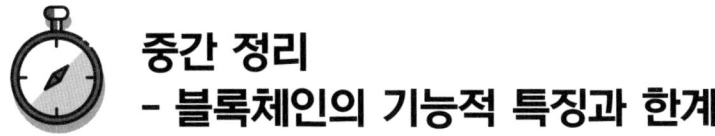
중간 정리
- 블록체인의 기능적 특징과 한계

비트코인 프로그램은 '사토시'라는 이름으로 공개됐는데, 실제 누군지 당시에 밝히지 않아서 확실치 않다. 그가 진짜로 무슨 생각을 했는지 모르겠지만, 이제 와서 그게 뭐가 중요한가? 어디에 어떻게 쓰일 수 있을지는 객관적 기능에 근거해서 판단할 일이다.

프로그램의 기능

- 일정한 속도의 발행량
- 해시퍼즐 경쟁으로 획득
- 익명으로 주소를 만들어서 주고받으면서 사용
- 코인 인센티브로 데이터 처리와 보관에 참여 유도
- 이중사용도 못하게 해놨고, 블록에 기록된 정보는 변조하기 어려움

이 정도면, 돈이라고 치고 사용하기 위한 최소한의 조건은 충족된다.

P2P, 해시함수 기술 자체는 새로운 것이 아니었지만, 그 특성을 잘 이용하여 프로그램을 짠 것이다. 잘 모르는 사람도 이 정도 이해하고 나면, 기발하다는 생각이 든다. 그러니 IT전문가들은 그 참신함과 영리함에 찬사를 표했을 것이다. 이러한 감탄사만 남아서 비트코인과 블록체인이 화폐를 대체할 수 있다는 미신이 되었다. 재미로 한번 해볼 수 있는 것과 실용적으로 매일 쓸 수 있는 것은 다른데도.

기능적 약점

- 트랜잭션 확정에 시간 소요
- 수수료가 비싼 편(보내는 사람: 거래수수료, 받은 사람: 환전수수료)
- 데이터의 실시간 동기화·분석·결합, 트랜잭션 취소 처리 불가능
- 모든 데이터를 모두가 가지고 있는 중복저장 방식으로 비효율적
- 1등에게만 보상하므로 설비경쟁이 벌어져, 전력소비가 크고 지속성을 장담 못함

기술이 발전하면 좋아질 수 있는 문제가 아니라, 데이터를 중앙처리자 없이 생성 및 기록하기 위해 감수한 결과임을 분명히 알 필요가 있다. 지속가능성이 없다는 건 무슨 말일까? 가지고 있으면 똥되는 것은 시간문제이다 (4.3.3에서 임박한 붕괴 조짐 확인).

기술 발전?
다른 블록체인과 코인들은 뭐가 다를까?

이더리움은 비트코인보다 발전된 기술로
결제나 송금 기능을 넘어,
스마트컨트랙트를 실행하는 플랫폼 역할을 하고 있어.
때문에 앱스토어에 비유되면서
가상경제의 중추라 평가받고 있지.

          있지도 않은 기능을 뭘 넘어.
            지금까지 뭘 들은겨?

JP모건에서 한 말이라고!

           서브프라임 모기지 채권도
          그런 데서 막 팔았었지, 아마?

3.1 이더리움 프로그램의 목표:
누구나 자기 코인을 쉽게 발행할 수 있게 하기

이더리움은 비트코인 프로그램을 변형해서 만든 블록체인이다. 트랜잭션의 전송, 블록 생성, 코인 인센티브 원리는 비트코인과 동일하다. 이더리움은 블록체인의 이름이고, 거기서 사용되는 코인은 '이더'인데, 그냥 이더리움이라고 부르기도 한다.

단, 더 사업적인 발상을 했다. 비트코인 프로그램은 비트코인을 돈처럼 주고받는 목적이어서 블록에 비트코인 트랜잭션만 기록하게 만들었다. 후발주자가 똑같은 프로그램을 만든다고 해서 사람들이 비트코인을 떠나서 이더리움으로 옮겨온다는 보장이 없지 않은가? 그래서 이더리움은 아무나 자기만의 코인을 만드는 데 이용할 수 있는 블록체인을 만들었다. 블록에 다른 코인을 발행한 프로그램 실행코드를 저장할 수 있게 한 것이다.

이더리움은 20MB의 블록이 15초마다 생성된다. 비트코인보다 훨씬 빠른 속도로 많은 데이터가 쌓이는 것이다. 아무리 그래도, 수많은 코인이 발행되고 거래되는 데이터를 블록에 직접 다 담을 수는 없다. 이더리움 블록에는 이더를 이전한 트랜잭션은 직접 기록되지만, 다른 코인에 관련해서는 뭔가 실행됐다는 흔적만 두고 구체적인 내용은 블록 밖에 저장된다. 어쨌든 몇 번째 블록에 흔적이 있다~ 찾아가지고, 블록 밖의 정보를 검색할 수 있으니까 내용이 다 있기는 한 것이다. 운영 프로그램에 참여하면 그걸 다 저장하고 있어야 된다. 데이터 양이 엄청 많기 때문에 과부하가 걸려서 개선 중이라는 얘기가 자주 나온다.

〈이더리움 블록체인에서 처리하는 데이터 종류〉

① 이더 코인의 트랜잭션

② 프로그램 실행 코드

③ 코드를 실행한 내용

블록체인은 데이터 처리 1건이 1개의 트랜잭션이다. 트랜잭션을 요청할 때 거래수수료로 이더 코인이 필요하고, 트랜잭션을 기록하면서 채굴도 일어난다. 무조건 트랜잭션이 많아야 그 생태계가 활발히 돌아가고, 해당 코인의 가격도 오르게 된다.

이더리움에서는 코인을 쉽게 발행할 수 있도록 표준 코드들을 제공했다. 너도나도 그 코드로 자기 코인을 발행하기 시작했고, 발행된 코인을 거래할 때마다 또 이더리움 트랜잭션이 발생했다. 그래서 이더의 가격이 오르니까, 그 자체도 거래가 많아졌다. 이더는 플랫폼 코인, 자체 메인넷이 없는 것들은 토큰이라는 용어로 구별하기도 한다. NFT(Non Fungible Token)도 이더리움 ERC721 프로그램으로 만드는 토큰이다.

3.2 스마트컨트랙트와 댑(DApp)
- 자동으로 계약이 되고, 새로운 플랫폼이 되는 기술이라고?

이더리움은 스마트컨트랙트를 실행할 수 있다고 알려져 있다. 화폐 기능에서 이용이 확장된 거라면서, 2세대 블록체인이라고 하기도 한다.

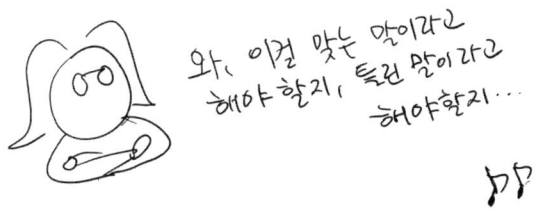

존댓말을 써야 할지, 반말로 얘기해야 할지
서먹서먹해지네.[5]

스마트컨트랙트가 실행되긴 하는데, 그 스마트컨트랙트라는 것이 우리가 생각하는 권리와 의무를 기록한 계약서가 아니다. 이더리움의 프로그램 언어는 if~then~ 형태의 간단한 프로그램 실행 코드도 처리할 수 있는데, 이것을 스마트컨트랙트라고 한다. 여기에 이름/수량/주소를 입력하면 코인이 발행된다. 블록에 달리 얼마나 복잡한 프로그램을 저장하겠는가.

---

5 한동안 좋아했던 옛사람을 우연히 길가에서 마주친 심정을 노래한 가사

코인을 만들기는 쉽지만, 아무 이유 없이 발행하면 팔리지가 않는다. 관련된 게임을 만들거나, 한 개를 사면 한 개 더 준다고 하거나, 결제가 될 거라고 하는 등 무슨 서비스를 해야 한다. 대개 게임, 도박, 거래소 사이트들이다. 이 프로그램들은 자체적으로 돌아가고, 거기서 사용되는 코인만 스마트 컨트랙트를 통해서 블록체인에 기록되는 관계이다. 이렇게 코인을 사용하는 환경이 되는 서비스 프로그램을 댑(DApp=Decentralized App, 탈중앙화 앱)이라고 한다.

3.3 코인으로 예금과 대출 서비스를 한다고?

 코인을 맡기면 이자를 주고, 코인을 담보로 대출을 해주는 서비스가 있다. 이더리움재단에서 이 아이디어를 내놓고 디파이(Defi=Decentralized Finance)라고 이름 붙여서, 다들 그렇게 부르고 있다. 인터넷 찾아보면 '블록체인을 이용해서 탈중앙화 방식으로 하는 금융서비스'라고 설명되어 있다. 당연히 이자나 대출은 코인으로 나온다.

- **이자**: 코인을 사서 예치해두면, 그 코인을 더 얹어주는 것
- **대출**: 코인을 100만원어치 사고, 이를 담보로 50만원어치 더 사는 것

한마디로 레버리지 투자다.

① 새로운 코인에 대한 투자 유인
② 코인거래소의 유동성 확보

사업자들은 이더리움 ERC-20 프로그램으로 토큰을 발행하고, 거래소 사이트를 만들어서 디파이 서비스와 함께 공개한다. 그러면 레버리지 투자를 하려는 사람들이 그 토큰을 사게 된다. 이런 사이트는 자체적으로 회원의 거래 데이터를 관리하는 업무 없이, 트랜잭션이 발생하면 직접 이용자들의 주소 앞으로 기록될 수 있게 이더리움 블록체인으로 정보를 보내준다. 앞에서 설명한 댑의 일종으로, '탈중앙화거래소'라고도 한다.

비트코인/이더리움 같은 이미 유명한 코인을 맡게 하고 다른 토큰으로

이자를 주는 것도 있다. 이 서비스는 거래소에 대한 유동성 공급이 목적이다. 중앙화거래소에서는 사람들의 코인 매매를 그냥 자기 서버에서 숫자로만 계산하고 있으므로, 코인을 인출하겠다고 하면 탈중앙화거래소로부터 빌려서 해결한다(3.4 거래소의 종류 참조). 이자를 신생 코인으로 주면서 그 코인을 활성화하는 효과도 있다.

📎 디파이와 금융의 본질적 차이는?

사람들이 현재의 예금과 대출 조건에 만족할 수는 없다. 이용자 입장에서 항상 이자는 적고, 대출은 받기 어렵다. 코인은 예치에 높은 이율을 쳐주고, 대출은 아무런 절차 없이 심지어 이자도 안 받고 해주는 이유가 뭘까? 새로운 기술을 적용해서 기존의 금융서비스를 개선한 것일까?

금융은 자금의 공급자와 수요자를 연결하는 자금 융통이다. 은행이 예금을 받아서 가만히 가지고 있으려고 존재하는 게 아니지 않나? 주식은 상장을 하면 회사로 사업자금이 들어간다. 금융기관은 그런 업무를 하면서 예대마진, 수수료 수익을 번다. 반면, 디파이는 신규 코인에 대한 구매수요를 창출하고 거래소에 유동성을 공급해서, 계속적으로 코인 거래를 만들어내는 것이다. 코인 판매 대금, 거래중개 수수료가 디파이 사업자의 매출이고 수익이다. 기본적으로 사업 목적이 다르기 때문에, 거기에 따라 비즈니스 구조도 다르고, 결과적으로 기능도 다를 수밖에 없다. 디파이가 어떻게 자금 융통 기능을 하겠는가, 단순한 부의 이동이다.

어디서 어디로 부가 이동할까? 코인투자자 간의 희비는 부수적일 뿐이다. 코인을 더 받으니까 이자, 코인을 더 살 수 있으니까 대출이랑 같다고 말하는 이유—코인을 사고파는 현상만 보기 때문이다. 그렇게 해서 더 받은 코인을, 운 좋게도 같거나 높은 가격에 현금화했을 때 결과적으로 같을 수는 있다. 그러나 어떤 현상의 본질을 파악할 때 서비스 공급자와 돈의 이동을 보는 원칙을 잊지 말자! 개인들이 사는 코인이 누구한테서 나온 것인지, 다시 말해 돈이 어디로 가는지? 자기보다 코인을 먼저 산 사람? 그 사람의 코인도 사업자한테서 나온 것이다. 거래가 좀 된다 싶을 때 사업자들은 본격적으로 거래소에 코인을 판매해서 현금화하기 시작한다. 언제 얼만큼 파느냐의 전략 차이만 있을 뿐, 반드시 그렇다.

최근 논란이 된 위메이드의 위믹스, 카카오게임즈의 보라코인을 보라. 상장회사임에도, 주식이나 채권을 발행해서 자금을 조달하지 않았다. 게임과 디파이에 이용한다면서 자기들이 만든 코인을 거래소에 팔아서 간단히 수천억을 만든다. 제휴사들도 코인을 주고 끌어들인다. 그러면 그들도 코인 판매를 위한 비즈니스 쇼잉에 동참하게 된다.

이 회사들이 특별히 이상한 것이 아니다. 코인을 파는 것이 본래 이 비즈니스의 매출이고 수익, 즉 목적이다. '토큰 이코노미'라고 하면서 코인으로 돌아가는 것같이 설명하니까, 사람들이 사업자도 코인을 버는 줄로 착각한다. 당연히 아니다. 그 사람들은 코인을 만들어서 돈으로 바꾸는 것이 목적이다. 코인을 만드는 데 돈이 안 들기는 하지만, 코인 상태로만 가지고 있으면 어떻게 사업이라고 하겠는가. 두루뭉수리하지만 백서에도 코인을 팔 수 있다는 내용이 써있다. 그나마 상장회사들이라서 코인을 판 사실이 알려진 것뿐이다. 판매대금의 전부 또는 일부를 사업자금으로 쓰는 과정에서 공시가 되거나 소문이 난 것이다.

원래 그렇게 생긴 것을 가지고 '블록체인 금융', '블록체인 게임'이라고 뭔가 다른 것을 기대했다면, 처음부터 오해가 있었던 것이다. 물론 그 오해는 사업자의 이익을 위해서 조장된 것이다. 우리가 논의해야 할 것은 위메이드가 코인을 왜 팔았냐~가 아니다. 어떤 기업은 그냥 코인을 만들어서 돈을 만들고, 거기에는 주식/채권과 달리 발행/판매/자금의 사용에 이르기까지 아무 제한이 없는데, 이것을 자본시장에서 허용하면 어떤 결과가 벌어지는지?를 논의해야 한다. 아니 사실, 그렇게 하면 안 된다고 이미 금지되어 있으니까, 그게 논의 대상은 아니다. 왜 이 상태를 놔두고 있는지 사회정치적 현상을 바라보고, 해결책을 찾아야 한다.

'레버리지 투자니까 나쁘다'
이게 요점이 아니야.

나쁘다는 얘기로 들리는데.

좋다, 나쁘다는 각자 판단한다 치고,

왜 말을 그렇게 안 하고,
자꾸 무슨 '금융'인 것처럼 하냐는 거지.

내가 금융을 쫌 알잖아

그러는 저의가 막 의심이 된다니까.

'저의'라고 할 게 뭐 있어.
그냥 '광고'하는 거지.

홍보성 정보, 마케팅 몰라?

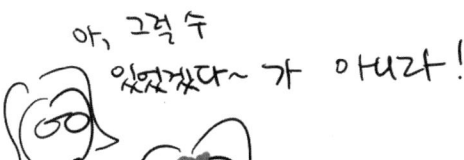

아, 그럴 수 있었겠다~ 가 아니라!

광고면 광고라고
구분을 좀 해야 되는 거 아니야!
왜 광고를 강의처럼 하냐고!

3. 기술 발전? 다른 블록체인과 코인들은 뭐가 다를까?

3.4 거래소의 종류

거래소는 코인 생태계의 중심이다. 둘이 알아서 주고받을 수 있다고 해도, 궁극적으로 돈으로 바꿀 수 없으면 누가 보유하겠는가? 언제든지 돈으로 바꿀 수 있어야 하는 것이 기본이다. 블록체인 기술은 블록 위의 기록만 얘기하지만, 결국 비트코인 거래는 거래소에서 처리할 수밖에 없다. 거래서비스의 제공 방식에는 2가지가 있다.

- **중앙화거래소**: 거래소에서 서버를 구축하고 이용자들의 코인 잔고를 기록
- **탈중앙화거래소**: 블록체인에 이용자들의 코인이 기록되도록 프로그램적 서비스만 제공

블록체인을 탈중앙화라고 하면서, 거래소를 중앙화, 탈중앙화 구별하는 이유는 뭘까? 블록체인은 조폐국이나 금융기관을 중앙이라고 쳤을 때, 민간영역이면서도 인위적 통제 없이 돌아간다는 의미에서 탈중앙화라는 표현을 쓰는 거고(2.3.6에서 탈중앙화의 변질 참조), 거래소의 업무 처리 방식이 어떻게 되는지는 별개의 문제다.

바이낸스나 업비트 같은 대형 거래소에서 매매를 하면 블록체인에 기록되

는 것이 아니다. 주식은 파는 사람이 있어야 살 수 있지만, 비트코인은 사겠다고 하면 거래소가 "2개요? 네~ 있다고 쳐드리겠습니다." 하고 자기 서버에 기록해두는 것이다. 개인의 코인주소로 옮기거나 돈으로 출금하려면 별도의 수수료가 든다. 이렇게 자기 시스템으로 거래 데이터를 직접 관리하는 경우를 중앙화거래소라고 한다.

반면, 직접 이용자들의 주소로 트랜잭션이 기록되도록 프로그램만 제공하는 거래소를 덱스(Dex=Decentralized Exchange)라고 한다. 덱스는 법적 주체를 드러내지 않은 프로그램이기 때문에 계좌가 필요한 업무는 할 수 없어서 코인으로만 거래한다. 대신 중앙화거래소에 없는 코인을 취급하면서 디파이 서비스를 하고, 중앙화거래소에 유동성도 공급한다. 여기서 거래하다가 환전하려면, 코인을 법인계좌가 있는 중앙화거래소로 옮겨서 팔면 된다. 중앙화거래소와 탈중앙화거래소는 공생관계에 있으면서 하나의 큰 생태계를 이룬다.

3.5 의미 없이 복잡한 코인의 종류 구별

이더리움 덕분에 코인이 많이 나오자, 앞으로 이런 코인이 나올 것이다~까지 포함해서, 사람들이 코인을 분류하기 시작했다. 많이 하는 분류가 지불형, 유틸리티형, 증권형으로 구별하는 것이다.

- **지불형**: 돈이라고 치고 주고받는 목적 표방

예시: 비트코인. 블록체인에 딱 그 코인의 트랜잭션만 기록한다. 이것도 인터넷 주소로 이용자 추적이 가능하다고 해서, 추적이 안 되게 만든 코인들이 나와 있다.

- **유틸리티형**: 서비스에 대한 활용 권한 표방

지불형이 아닌 것은 전부 유틸리티형이다. 이더리움, 이오스도 유틸리티형으로 분류한다. 이더리움, 이오스 자체를 거래하는 트랜잭션도 있지만, 그 블록체인에 기록을 저장하려면 필요하기 때문이다. 다른 코인들도 나름 용도를 표방하는 것은 모두 유틸리티 코인이다.

이름만 보면 당장 어딘가에 이용될 것 같지만, 이용권/포인트와 결정적 차이가 있다. 이용권에는 구체적 권리가 기재되어 있어서, 보유자가 발행자에게 이행을 요구할 수 있다. 즉 사업자 입장에서 보면 서비스를 판매하는 것이고, 돈을 받은 만큼 채무가 생긴다. 이용권도 거래가 되기도 하는데, 거래가 본래의 목적이 아니라 유동성을 위해 부수적으로 존재하는 시장이다.

반면, 코인은 발행할 때 백서(설명서)를 공개하는데, 앞으로 코인이 어찌어찌 사용될 수 있도록 하겠다는 계획이고, 그것이 코인에 화체된 권리가 아니다. 사업자로는 자금을 모집하는 주식발행 또는 클라우드 펀딩과 유사하다. 그러나, 딱히 투자 지분에 대한 권리를 약속한 것도 아니기 때문에, 사업자의 코인 발행/처분/판매 대금 사용이 자유롭다.

- **증권형**: 미래 수익이나 실물 자산 등에 대한 지분·권리를 담은 징표

법적으로 존재할 수 없음. 진짜로 구체적 권리를 담게 되면, 채권, 지분증권, 투자계약증권 등 자본시장법상의 '증권' 정의에 들어오기 때문에 그 의무도 적용된다. 이런 계약들은 돈이 엉뚱하게 쓰이지 못하도록, 적어도 엉뚱히 쓰는 것이 쉽지는 않도록 해야 하기 때문에 최소한의 법적 장치가 있는 것이다. 형식이 코인이라고 해서 그냥 할 수 있는 것이 아니다.

따라서 증권형 코인은 만드는 사업자가 없고, 죄다 유틸리티형이다. 백서 작성의 포인트는 사업자의 의무, 보유자의 권리가 구체적으로 존재하지 않도록 포괄적으로 기재하는 것. 백서 발행 시 하는 법률검토가 바로 이것이다.

- **스테이블 코인**: 발행한 만큼 실물 자산을 예치하기 때문에 가격변동이 거의 없다는 점을 표방

드디어 결제에 쓸 수 있는 코인이 나온 건가? 결제용 코인을 표방한 것들은 정작 스테이블 코인이 하나도 없다.[6] '결제에 쓰일 예정이라 가격이 오를 코인이니 많이 사시라'고 해야 되기 때문이다.

스테이블 코인은 가격변동이 적다고 처음부터 표방한 것이기 때문에 투자목적이 아닌, 코인거래소에서 거래와 환전에 사용된다. 대표적인 것이 테더이다. 코인을 사고팔 때마다 은행계좌에서 입·출금할 필요 없이 테더로 코인을 거래하고, 해외 거래소로 테더를 옮겨서 거기서 환전할 수 있다. 모든 카지노에서 통하는 통합 카지노 칩 같은 기능이라고 보면 된다.

---

6 비트코인, 밀크, 페이코인, 야놀자코인

그러면, 사업자는 1달러 받고 1테더 발행한 다음에 그 달러를 가만히 가지고 있는다? 그래가지고 뭘로 돈을 벌까? 테더를 만든 사업자가 거래소도 한다. 거래소를 활성화하는 것이 표면적 사업. 그런데 미국에서 난리가 난 게, 발행한 만큼 자금을 예치하고 있지 않다, 심지어 산 사람도 없는데 그냥 발행해서 그걸로 비트코인 주문을 넣어서 비트코인 시세를 조정했다, 이런 것들이 감지되었기 때문이다. 이것 때문에 청문회가 열렸는데, 그동안 코인 거래 방치하고 뭐 한 거냐~에 대한 답변으로, 상품거래선물위원회(CFTC) 위원장[7]이라는 사람이 이런 말을 했다. "비트코인에 대한 젊은 세대의 열정을 존중해야 하며 균형 잡힌 응답으로 존경을 표해야 한다."

---

[7] 크리스토퍼 지안카를로. 우리나라도 이런 말 하는 정치인들이 있다.

3.6 NFT도 같은 사업구조를 가진 코인일 뿐

NFT는 ①디지털 콘텐츠를 저장해 두고, ②저장위치(URL)/제목/소유자 등 정보를 토큰화한 것이다. 각 토큰은 기념주화처럼 독자성을 가진다. 그러나, 원본 증빙, 저작권 거래가 된다는 말은 부정확하다. 소유와 거래 및 블록체인의 기록 대상은 ②토큰이지, ①디지털 콘텐츠 자체가 아니다. 이세돌 vs 알파고 대국을 담은 NFT를 샀다고, 그 영상을 독점적으로 보는 것이 아니다. 그냥 관련 기념품이다. 디지털 콘텐츠가 남의 저작권을 침해한 것일 수도 있다. 같은 내용으로 NFT를 다수 만들면, 번호만 다른 판화와 같은 고유성일 뿐이다. 저장된 콘텐츠가 사라지면, NFT만으로는 내용을 볼 수 없다.

NFT도 이더리움에서 고안한 개념이다. 이더리움 ERC-720프로그램으로 NFT를 발행하고 거래하면, 이더리움 블록체인에 기록되고, 이더를 수수료로 지급한다. 코인을 판매하는 새로운 아이디어를 낸 것이다. 그 전까지는 화폐다, 금융이다, 심각하게 팔아야 했다. 그러면서 제대로 작동되는 서비스는 없기 때문에 사람들이 슬슬 의구심을 가지는 것은 시간문제다. 그런데 NFT는 얼핏 보면, 게임 아이템, 연예인 굿즈 같은 걸 재미로 하면 될 것 같고, 창작활동일 수도 있으니, 코인을 스캠이라고 하는 사람들도 일단 논외로 하는 경향이 있다.

사업자들은 어떻게 돈을 벌까? 여느 코인의 비즈니스와 동일하다. 코인 비즈니스에서는 코인을 팔아야 한다. NFT토큰 발행자와 거래소가 NFT 판매 수익을 나누는 것은 쉽게 떠올릴 수 있다. 그런데 더 근본적인 것이 있다. 이더리움 재단에서 어떻게 돈을 버는지 생각해보자. NFT는 다른 블록체인 위에 기록해야 하므로(이것을 '민팅'이라고 한다), 민팅 이벤트가 있을 때마다 수수료로 쓰이는 코인은 거래/가격이 상승한다. NFT로 블록체인 메인 코인의 호재를 만들어 내는 것이다. 최근 많은 매체에 보도된 '국보DAO[8]'라는 프로젝트를 예시로 보자.

〈국보 DAO〉

- 프로젝트: 국보 2점이 경매로 나왔는데, 국보는 소중한 문화유산이니까 시민들의 힘을 모아서 보호하자.
- 방식: 클레이라는 코인으로 모금을 진행, 50억이 모이면 경매에 참여하고, 50억이 안 되면 환불

---

8 DAO(Decentralized Autonomous Organization). 프로젝트별로 토큰을 발행해서 모금하고, 그 의사결정은 토큰 보유량에 따라 투표로 하는 방식

이 프로젝트 홈페이지(https://ntdao.org)에 가면, 클레이를 사서 참여하면 국보 NFT를 받을 수 있다는 내용이 설명돼 있다. 국보 NFT는 그 프로젝트에 참여했다는 기념이고, 살 사람이 있으면 파는 것은 자유지만, 국보에 대한 소유권이 담겨있는 것은 아니다.[9] 제휴사는 전자지갑, 거래소 사업자들이고, 클레이튼 블록체인을 운영하는 그라운드X[10]가 프로젝트를 리딩했다. 2022년 1월 23일 오후 9시 모금 시작~1월 26일 자정 24억원[11]으로 종료됐다(경매가 27일이었음). 많은 매체에서 좋은 프로젝트로 소개했고, 아쉽게 됐다며 다음을 기약했다.

이 프로젝트는 사업자들에게 실패였을까? 앞에서 계속 봤듯이, 코인 프로젝트는 그 서비스를 해서 돈을 버는 게 아니고, 거기에 사용되는 코인을 팔면 돈이 되는 구조이다. 환불 수수료 같은 소소한 수익은 논외로 하고, 모금 기간 전후로 클레이 가격이 어떻게 움직였을까? 그라운드X뿐 아니라, 이 프로젝트를 기획하고 참여했던 많은 사람들—그들이 클레이를 언제, 얼만큼 사고팔았는지는 전혀 공시할 의무가 없고, 남이 알 수도 없다. 국보 DAO는

---

[9] 국보의 소유권은 재단을 만들어서 경매에 참여하므로, 낙찰을 받게 되면 재단이 가진다. 그냥 불상 사진으로 만든 NFT를 파는 거다.

[10] 그라운드X는 카카오가 만든 블록체인 회사이고, 거기서 만든 블록체인이 클레이튼, 거기서 쓰이는 코인이 클레이다.

[11] 클레이로 받는 것이라서, 그때까지 모인 클레이 1,543,500개가 시가로 24억2946만9000원이었다.

미국에서 2021년말 진행됐던 헌법 초판본DAO(소더비 경매에 나온 미국 헌법 초판본을 시민의 모금으로 사서 지킨다)를 모방한 것이다. 미국 사례도 간발의 차이로 낙찰은 못 받았지만, 삽시간에 많은 돈이 모였고, 참여자들이 아쉽다며 환불을 안 받는 경우도 있었다고 한다. "졌지만, 잘 싸웠다."는 이미지를 만들었고, 그때 쓰인 피플 코인은 코인거래소에 상장돼서 아래와 같은 차트를 보였다고 한다.

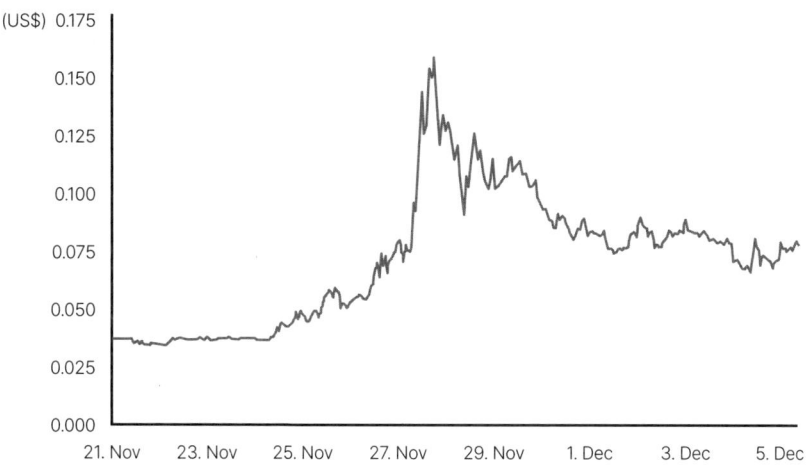

📎 기존의 투자금 모집과 코인 모금(DAO)의 본질적 차이는?

SNS로 어떤 프로젝트에 대한 모금을 하는 것, 클라우드 펀딩이 이미 있다. 그것과 DAO의 차이가 뭘까? DAO는 민주적 투표로 그때그때 의사결정을 한다? 클라우드 펀딩도 투표가 필요하면 할 수 있다. 그게 어려운 일도 아니다. 오히려 국보DAO 프로젝트는 이름만 DAO였고, 클레이튼에 아직 투표 기능이 없어서, 의사결정을 주최측에서 하게 되어 있었다. 투표는 전혀 중요한 요소가 아닌 것이다.

계속 되풀이되는 것인데, 코인과 기존 서비스와의 차이는 겉으로 내세운 '뭘 할 수 있다'가 아니라, 그 사업구조에 있다. 이미 지금도 할 수 있는 것들을, 코인으로 한다고 하면서 사업자는 코인을 팔아 돈을 번다. 원래 사업이 돈 벌려고 하는 건데, 그 돈을 코인을 팔아서 벌면 안 되나, 서비스만 잘 하면 되지? 두 가지를 생각해야 한다.

첫째, 그 서비스를 하면서 돈이 벌려야 서비스를 잘 만드는데, 코인을 팔아서 돈을 버는 것이기 때문에 서비스는 잘 만들어질 수가 없다. 일단 그 코인을 사는 사람들부터가 서비스를 이용하려고 사는 게 아니기도 하고(3.8 블록체인의 활용 사례 ③ 플랫폼과 보상 경제, ④ P2E게임 참조). 국보를 보전하기 위한 모금이 진짜 목적이었다면, 가격이 변동하는 코인으로 하지 않았을 것이다. 시민의 힘을 모으고 싶었으면 클라우드 펀딩을 했을 것이고, 클라우드 펀딩이었다면 국보를 낙찰받았을 때의 관리와 처분에 대해서 더 설명이 있었을 것이다. 참여하는 사람들의 관심이 그것이니까.

둘째, 서비스가 없이 코인을 파는, 이러한 일을 허용할 때 생기는 문제이다. 클라우드 펀딩은 복잡하고, 코인은 간단하다? 사업자들이 복잡하다고 얘기하는 요소들, 펀딩 자금이 취지에 맞게 쓰여지도록 하는 장치이다. 돈은 받되, 그런 룰은 싫다~는 것을 요상하게 표현한 것이 '유틸리티 코인'이고 'ICO'이다. 이것은, 투자자 보호는 둘째 치고, 정의와 공정의 문제이다. 투자금을 모집하면 '증권'을 발행하게 하는 법이 있다. 여기서 증권은 종이가 아니라 법적 관계를 말한다. 발행인에게는 준수의무가 따라온다. 이런 것들을, 사업자들은 블록체인 기술(?)이니까 지킬 필요 없다고 주장하고, 또 이걸 자기들의 이익 때문에 옹호하는 사람들이 있는 것이 지금의 현상이다.

★코인의 종류별 용도 정리

구분	용도
증권형	존재하지 않음
지불형	코인 거래
유틸리티	코인 거래
NFT	코인 거래
스테이블	코인거래소의 칩

대충 알겠다.

근데, NFT랑 스테이블 코인은
지불형, 유틸리티형, 증권형 중에서 뭐지?

의미 없다.
수학 문제나 하나 더 풀자.

제 딱이예요♡

고3맘의 흔한 상상

3.7 채굴경쟁의 문제점과 변형된 블록체인

3.7.1 채굴경쟁의 문제점

블록에 해시퍼즐을 넣은 이유는 각 순번의 블록을 하나씩만 인정해서 블록의 데이터를 통일하기 위한 것이다. 이 방식은 1등만 보상받기 때문에 설비경쟁이 불가피하다.[12] 채굴업자들이 컴퓨터 돌리고 냉각장치 가동하는 데 엄청난 전력이 소모된다. 비트코인 채굴에 드는 전기만 스웨덴 전체 전기소비량에 맞먹는다고 한다. 채굴 때문에 정전 난 나라도 여럿이다.

환경적으로 민폐이고, 코인을 산 입장에서는 네트워크 붕괴 리스크이다. 이더리움도 이러한 약점을 충분히 인지하고 있기 때문에 채굴경쟁 없이 블록을 생성하는 프로그램 변경을 계획했으나, 실현되지 못하고 있다.

3.7.2 '지분위임증명'이라고 하는 이오스의 운영방식

이더리움의 스마트컨트랙트를 차용하면서 채굴경쟁 없이 블록을 만드는 방식이 이오스다. 이오스는 블록을 0.5초마다 1개 생성하는데, 그 업무를 21개의 노드(Block Producers)에서 담당한다. 이오스 코인 보유자들은 자

---

[12] 개인 채굴기는 채굴업자들이 숫자를 입력하는 일에서 구역을 맡아서 컴퓨팅 파워를 좀 빌려주는 것이다. 그래서 데이터 저장도 안 하고, 보상도 아주 작게 배분받는 것이다.

신이 지지하는 BP 후보에게 투표하고, 시스템은 매 2분 6초마다 결과를 집계해서 다음 2분 6초 동안 블록생성을 담당할 BP 권한을 할당한다.

이오스는 해시퍼즐 경쟁이 없으므로 BP들은 데이터 처리만 하면 된다. 신규 이오스 코인은 매년 주최측에서 알아서 발행한다. 이것은 디앱 이용자들이 수수료로 지불한 것과 함께 기존 이오스 보유자와 BP에게 배당된다. 채굴만 없지, 이오스를 보상으로 기록에 참여하게 하는 것, 다른 토큰을 기록해주면서 이오스 코인을 파는 것은 똑같다.

이 방식은 투표권을 코인 보유량만큼 행사하기 때문에 지분을 가지고 업무를 위임한다는 의미에서 '위임지분증명'이라고 한다. 대비하여, 채굴경쟁을 하는 방식은 '작업증명'이라고 부른다.

이름 잘 지었는데.
왠지 뭔가 마구마구 증명되는 느낌이야.

이 정도는 아무것도 아니야.
'토큰 민주주의', '간접 민주주의'라고 한다고.

3.7.3 폐쇄적인데 코인은 있는 플랫폼 블록체인, 코인이 없는 퍼블릭 블록체인

어쨌든 이오스는 누구나 프로그램을 설치해서 BP에 도전할 수 있다. 이후에 나온 블록체인은 이런 것도 생략하고, 그냥 사업자 측이 코인을 알아서 기록한다. 그라운드X의 클레이튼이 대표적이다. 다른 코인들을 기록해주는 오픈 네트워크이면서, 그 기록의 처리는 폐쇄적으로 하는 것이다. 앞서 나온 블록체인의 특징들 중에서, 코인을 만들어서 파는 점만 남았다.

한편, 퍼블릭 블록체인, 프라이빗 블록체인의 구분이 있다. 이건 전혀 다른 관점이다. 폐쇄형 블록체인도 기록하는 내용은 아무 코인이나 받아주기 때문에 이 기준에 따르면 퍼블릭에 해당된다. 프라이빗 블록체인은 기업들이, 코인 트랜잭션이 아니라, 업무상 필요에 따른 데이터를 같이 처리하는 것이다. 블록체인은 아무나 프로그램 깔고 참여하는 것이 특징이었지만, 그것 때문에 데이터 처리를 효과적으로 못하니, 데이터 처리가 필요한 회사들끼리 같이 하면 되지 않겠나? 이 아이디어를 프라이빗이라고 하면서, 기존 것을 퍼블릭이라고 구별했다. IBM이나 삼성 같은 데서 기업들이 참여할 수 있는 세팅을 시험 삼아 제공하고 있다.

그런데, 블록체인은 애초에 프로그램만으로 해보겠다고 하면서 그런 모양이 된 것이 아니었나? 이미 기업들은 API[13] 등을 이용해서 필요한 정보를 주고받는다. 프라이빗 블록체인은 어떤 점에서 '블록체인'이라고 하는 것인지 명확하지 않다. 블록체인 방식으로는 계산이나 분석이 필요한 복잡한 처리를 할 수 없으니, 공개용 정보를 한 번 더 올려놓는 정도일 것이다. 거기에만 올려놓고 자기가 따로 가지고 있지 않았다가는 관리가 안 돼서 큰일난다. 가끔 도입한다고 보도되는 사례가 있는데, 세부적 방식의 차이는 있겠지만, '신기술이고 투명하다는 이미지 홍보'가 큰 이유일 것이다.

---

13 Application Protocol Interface. 데이터를 호출해서 사용할 수 있게 접점을 만들어 둔 것

3.8 블록체인 활용 사례 및 전망 분석

코인 거래가 문제라고 생각하는 사람도 블록체인 기술은 뭐가 있을 거라고 막연히 믿을 수 있다. 실제 나온 서비스는 비즈니스 모델을, 그냥 아이디어 차원의 얘기는 도입 가능성을 잘 살펴보자. 이 부분은 무척 중요하다. 사업자들은 실현 가능성이 없는 것을 '미래 발전 가능성'으로 넘기고, 당장 코인 거래가 꼭 필요하냐에 대해서는 '코인은 블록체인과 분리할 수 없는 기술'이라고 한다. 코인 거래를 금지시키면 무슨 기술 발전이 막히는 것같이 오도하면서 거래소를 연장하는 것이다.

① 여러 회사가 제휴하는 업무
예시: 물류 이력 관리, 손해보험 보상 처리, 사물인터넷 간 데이터 처리

여러 회사들 간에 제휴해서 서비스를 할 때 데이터 처리를 같이 할 부분이 있지 않겠나~ 다수가 같이 하니까 블록체인이라고 부를 수 있지 않겠나~ 하는 아이디어. 프라이빗 블록체인 영역이다.

이걸 굳이 블록체인이라고 말해야 되나?는 별론으로, 그 방식이 지금 하고 있는 것보다 데이터를 관리하기 좋거나 비용이 싸다면 기업들이 알아서 도입할 것이다.

② 인터넷상의 거래와 결제 지원

예시: 공유경제, 중고거래, 콘텐츠 거래

참여자들끼리 인터넷으로 정보를 교류하면 될 것이다, 중개인이 없으면 거래 비용이 싸질 것이다, 결제는 코인으로 하면 될 것이다~ 이런 말들.

코인 결제에 대해서는 앞에서 충분히 살펴보았다. 코인 파는 거 말고, 또 뭐가 있을까? 이런 서비스들 이미 다 있다. 새삼 블록체인으로 한다는 것이 어떤 의미인지, 뭐가 더 좋아질 수 있다는 건지? 구체적 내용은 하나도 없다. 중개사업자가 제공하는 역할들을 생각해 본다면, 블록체인의 익명성, 데이터 처리 방식으로는 어림도 없다는 걸 판단할 수 있다. 우리가 어떤 중개 서비스에 몰리는 이유는 그 중개인이 많은 일을 잘 처리하기 때문이다. 블록체인이면서 단점을 보완하려고 누군가 이런 역할을 한다? 이미 탈중앙화도 아니고 어떤 점을 블록체인으로 한다는 건지 질문해봐야 한다.

참고로, P2P로 개인 간 파일 공유를 지원하는 프로그램은 이미 옛날에 나왔었다. 1999년 미국에서 '냅스터'라는 프로그램이 나와서 크게 유행한 적이 있었다. 달리 말하면, 누가 한번 다운받은 걸 서로 공짜로 돌려보는 거라서, 법원에서 중단시켰다. 탈중앙화가 무조건 좋은 말이 아니다. 스티브 잡스가 이걸 보고, 아~ 음악파일을 한 개씩 팔면 되겠구나!라고 하면서, 저

작권을 다 사가지고 만든 것이 아이튠즈이다.[14]

③ 플랫폼과 보상 경제

글을 쓰면 스팀이라는 토큰으로 보상하는 스팀잇이라는 SNS가 있다. 블로그에 글을 쓰면 플랫폼 회사가 광고비를 다 가져간다고 비판하면서 등장했다. 스팀이 거래소에서 거래되고 있으니까 받은 걸 팔면 돈이 되는 것이 맞다. 그런데 거기는 영양가 있는 글이 별로 없다. 왜 그럴까?

다들, 글을 쓰면 스팀을 준다는 것까지만 본다. 그런데 받은 스팀을 돈으로 바꿔주는 건 그 회사가 아니다. 이 모델은, 거래소에서 스팀을 사는 사람들이 있어야 존재할 수 있다. 스팀을 가지고 있을 이유를 계속 만들어 주어야 해서, 보상을 결정할 때 스팀을 많이 가진 사람의 '좋아요'가 영향력이 크게 했다. 이오스랑 똑같다. 코인을 위해 SNS의 보상정책이 설계되기 때문에, 글을 올리고 글을 읽는 기능은 훼손될 수밖에 없다.

구글이나 네이버는 많든, 적든 광고비를 받아서 돈을 나눈다. 하지만 스팀잇은 자기는 코인을 팔아서 돈을 챙기면서, 콘텐츠의 대가로는 코인을 준다.

---

[14] 유튜브 경전TV-'Bitcoin과 Blockchain의 기술적 이해'를 보시면 설명 잘 나옵니다.

스팀을 판매하는 것이 그 사업자의 수익 모델이고, 그렇기 때문에 콘텐츠 서비스로서는 가치를 높이기 어렵다. 마치 은행과 디파이 사업자처럼, 둘은 비교 대상이 못 되는 것이다.

④ P2E게임

P2E(play to earn)는 게임 안에서 보상으로 코인을 획득하고, 그 코인을 거래소에 팔 수 있는 것이다. 이것도 결제서비스, 디파이, 스팀잇과 동일한 비즈니스 원리이다. 황금갑옷 아이템은 게임 내에서 쓰이지만, 게임코인은 거래소에서 다른 투자자가 돈으로 바꿔주는 것이다. 그 투자자들은 플레이어들이 획득한 코인뿐 아니라, 사업자가 가진 물량까지 받아주게 된다. 그리고, 중앙화거래소(돈으로 환전할 수 있는)에서 팔리는 게임코인은 그렇지 않은 다른 게임코인들과 서로 교환할 수 있게 제휴함으로써 다른 코인 사업자들도 돈을 벌 수 있는 길을 열어준다. 코인을 교환하는 탈중앙화거래소 디파이 서비스의 기축코인이 되는 것이다.

게임의 재미는 어떻게 될까? 어떤 서비스가 코인 판매에 이용되면, 코인을 파는 것이 수익이지 그 서비스에서 수익이 나오는 것이 아니라서, 서비스로서의 가치는 자연히 약해진다는 점을 살펴보았다. 황금갑옷은 게임 플레이 환경의 맥락을 고민해서 만들지만, 게임코인을 만들 때는 게임 밖 코인거래소에서의 코인 유통을 생각하고, 코인이 목적인 이용자들을 타깃으로 게임을 기획해야 한다. P2E가 게임의 재미를 해치기 때문에 나쁘다는 얘기가 아니다. 게임이라는 표면 속 본질인 봉이 김선달 행위를 인지하고, 그 처리 방안을 정해야 한다.

⑤ 권리의 유동화

예시: 지적재산권, 비상장 주식, 부동산의 소유와 거래를 조각투자로 쉽게 할 수 있다는 아이디어.

부동산을 코인에 담으면 수수료도 아끼면서 작게 쪼개서 국경을 초월해서 사고팔 수 있다? 지금 이걸 전산화가 어려워서 못하는 걸까? 부동산 거래에서는 건물이 존재하는지, 가치가 얼마인지, 소유자가 누구인지 확인하는 것이 중요하다. 소유권 이전도 이 때문에 법에서 방법을 정해 놓은 것이다.

⑥ 전자투표, 인증서, DID(Decentralized Identifier)

각 안건을 전자주소라고 치고, 코인을 보내서 득표수를 계산할 수 있을 것이다~ 블록체인은 안전하니까 본인확인을 잘 해 줄거다~ 이런 말들.

투표에서는 사람 확인해서 한 표씩만 행사하도록 하는 것이 중요하다. 그야말로 중앙에서 철저한 관리가 필요한 일인 것이다. 그럴 필요없이 공개로 하는 건 그냥 카카오톡으로 하면 될 것이다. 인증서나 통합 아이디도 인증서 사업자가 책임을 지고 신원확인을 하기 때문에 사용될 수 있는 것이다. 탈중앙화와는 정반대이다.

이런 것들을 왜 블록체인이라고 하는 걸까? 계정별로 키를 부여해서 본인만 사용하게 하는 암호화 기술의 원리가 블록체인과 공통이다. 블록체인은 신기술이 아니라, 인터넷과 암호화 기술을 활용해서 목적에 맞는 프로그램을 짠 것이다. 당연히 같은 기술이 적용된 부분이 있다. 이런 것들을 가지고 사업자들이 '블록체인 기술'을 표방한다고 이해하면 된다. 블록체인이라고 하면 새롭고 좋은 이미지를 가지고 있어서 서비스 홍보에 도움이 되기 때문이다.

⑦ 내 정보 판매

기업이 이용자 데이터로 돈을 번다고 하니, 내 정보를 제공하고 대가를 받을 수 없을까~

대표적으로 거론되는 것이 의료정보이다. 그런데 신약 개발에는 한꺼번에 여러 사람의 데이터가 필요하고, 공공적 목적도 있어서 보건복지부에서 데이터 사용을 관리한다. 어디 신상 털리는 게 아니기 때문에, 약을 잘 만들 수 있게 두는 것이 개인들에게 더 이익이 있을 것이다.

정말 내 정보 이용에 돈 주는 거는 지금도 있다. 마케팅 동의하면 웹툰 쿠키 같은 거 주면서 보험회사에서 전화한다. 보험회사도 진짜 쿠폰 대신, 자기가 만든 코인으로 주고 싶을 것이다. 그러면 사람들이 뭐라고 하겠나. 결국 정보제공 대가는 개인이 그 대가로 무엇을 감수할 것인가의 문제이지, 블록체인하고는 관계가 없다.

 4차산업혁명 시대라서
블록체인이라고요!?

나는 그런 말 한 적 없는데.

어…누구신데요?

 제가 4차산업혁명입니다만.

📎 코인은 투기일 뿐이지만, 블록체인 기술은 발전시켜야 한다?

결국, 인터넷으로 데이터 처리, 거래, 결제가 일어나는 분야는 다 블록체인이 쓰일 수 있다고 한마디씩 나와있다. 그러니 무슨 만능의 기술처럼 생각되기 쉽다. 무슨 의미로 블록체인 기술을 적용했다고 하는지 통일되어 있지도 않다. 이 단어가 핫하고 트렌디하기 때문에 그냥 많이 쓰는 것이다. 이게 잘 몰라서 그러는 거라고 하기에는… 코인 판매가 없는 모델도 결국에는 코인 거래소를 유지하는 선전에 이용되고 있다. 앞의 7가지 중 실제 나와 있는 게 몇 번이었고, 그걸로 어떻게 하고 있는지 떠올려보자.

4차산업혁명은, 3차산업혁명으로 생긴 인터넷과 정보의 디지털화를 기반으로, 데이터의 결합, 분석을 통해 새로운 가치를 만들어내는 트렌드를 말한다. 이런 건 데이터의 기계적 분석이 중요하니까 AI가 뜨고 있다. 그리고 여러 기관들의 데이터가 필요에 따라 쉽게 이동해야 하니까, API 활용이 더 활발해지고 있다. '블록체인이 4차산업혁명 핵심기술이다.'라고 말하는 사람이 있으면, 무슨 의미인지 확인해 보는 게 좋을 것이다.

① 코인은 투기이고, 블록체인 기술만 발전시켜야 한다.

② 코인과 블록체인은 분리할 수 없어서, 코인을 금지하면 기술이 발전 못한다.

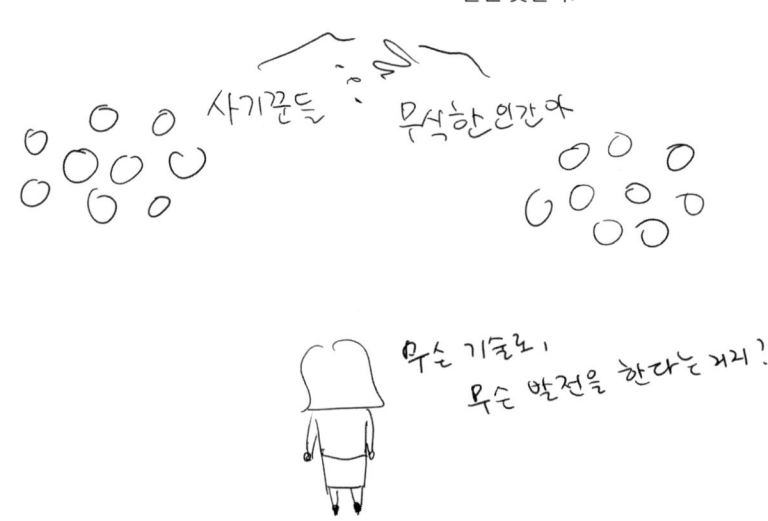

적어도, 정부, 공공기관에서 이런 단어를 쓸 때는, 자기가 무슨 말을 하는지 잘 생각해야 할 것이다. 사업자들이 자기들 광고에 가져다 쓴다.

'미래', '기술'이라고 하니까, 어렵겠지~ 겁먹지 말자. 메타버스~가상세계에서 부동산도 짓고 새로운 미래가 열린다는데. 어떤 미래를 말하는 것인지요? 확실한 건, 내 자식이 맨날 핸드폰 들여다보면서 NFT인지 뭔지 산다고 내 카드 쓰고 그러면 난 너무 싫을 것 같다. 앞으로 인터넷과 컴퓨터로 더 많은 일을 하니까, 가상화폐, NFT가 대세가 된다?

어떤 기술이 진짜인지 구별해야 한다. 그거 이해하는데 꼭 이과 나오고 코딩을 할 줄 알아야 되는 것도 아니다. 기존 서비스에 비해서 뭐가 좋아지고, 이용자인 나에게 뭐가 좋은 건지? 이게 잘 이해되지 않는다면, 좀 이상한 거다. 그때는 자기의 감을 믿고, 이런 서비스를 사업자는 왜 만들어요? 돈은 어떻게 벌어요? 질문을 하면 된다. 그러면, 아~ 이게 기회는 기회인데, 이거 만드는 사람한테 눈먼 돈 벌 기회라는 얘기구나~ 결론이 이렇게 될 수도 있다. 이건 보수적인 게 아니라, 진취적인 거다. 우리가 밭에서 잡초를 뽑는 것처럼.

이성의 호미로 밭 메는 아낙네

★블록체인의 종류와 특징 정리

블록체인 종류	기록 데이터	처리자/방식	이용 목적
① 비트코인 블록체인	비트코인의 이동	누구나 참여/채굴	• 사업자: 코인 팔기
② 플랫폼형 블록체인 (스마트 컨트랙트)	자기 코인과 다른 코인의 발행과 이동 • 이더리움 • 이오스 • 클레이튼	• 누구나 참여/채굴 • 누구나 참여/BP투표 • 클레이튼 측이 알아서	• 이용자: 코인 투자
③ 프라이빗 블록체인	참여기업간 합의된 데이터	참여기업끼리 알아서	서비스 홍보

뒤에 나온 게 더 발전된 기술이라기보다는, 그냥 추구하는 기능이 다르다. 이오스의 데이터 처리가 효율적이라는 것은 이더리움에 비해서 상대적으로 그렇다는 것이다. 그렇다고 이오스가 더 많이 사용되지도 않는다. 신규발행 토큰의 80%가 이더리움 기반이다. 클레이튼은 자기들이 기록하니까 더 중앙처리식이다. 그게 어떻게 블록체인이냐, 그러려면 왜 굳이 블록체인으로 하냐?는 말은 아무도 안 한다. 어차피 코인을 발행하는 것이 관심이고, 블록체인이라는 말을 누가 맡아놓은 것도 아니기 때문이다.

원래 '탈중앙화'는 프로그램에서 코인을 발행해서 기록하는 사람에게 지급하는, 코인의 생산과 배분 문제로 등장한 말이다. 그래서 FRB에서 맘대로 달러를 찍어내는 것에 대한 불만을 코인에 대한 지지로 흡수했다. 그러나 현실은, '코인을 파는 사업 주체가 법적 책임은 지지 않는 비즈니스 모델'이라는 의미로 변질되어 있다. 이런 식이라서, 클레이가 중앙처리식, 이더리움은 탈중앙화, 이오스는 중간~이런 게 전혀 아니라는 것.

비트코인은 탈중앙화다.
비트코인은 블록체인이다.
비트코인은 코인 인센티브로 돌아간다.

그래서, 블록체인은 탈중앙화다?
내 서비스는 코인서비스니까 블록체인 서비스다?

수학을 왜?

학교에서 배운 미적분 이런 거 하나도 기억이 안 나요. 사회에서 써먹어 본 적도 없고요. 그런데 그걸, 공부할 때도 이미 알고 있었단 말이죠. 선생님께서는 "수학은 논리적 사고력을 갖추기 위해서 공부한다."고 하셨어요. 그런데 이런 현상 앞에서, 전국민이 보통교육 과정으로 배우는 논리적 사고력은 어디로 간 거죠? 그렇게 간접적으로, 고비용 저효율 방식으로 논리적 사고력을 키울 바에는, 차라리 그냥 현상을 놓고 바로 사고력 수업을 하는 게 낫겠어요.

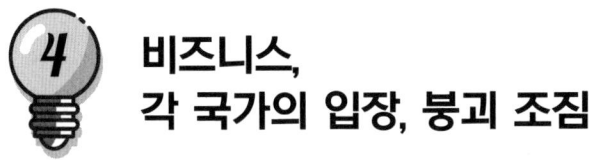
비즈니스, 각 국가의 입장, 붕괴 조짐

4.1 돈 버는 사람, 돈 쓰는 사람

돈 버는 사람은 블록체인 코인 만들고, 토큰형 코인 찍고, 거래소 하는 사람들이다. 유튜브에서 자기 얼마 벌었다고 자랑하는 사람들은 개인적으로는 좋은 일이겠으나, 극소수다.[15] 이런 사람들은 호랑이 등에 붙어서 잘 간 거고, 호랑이들은 돈을 잃을 리스크 없이 버는 사람들이다. 결제 가맹점일 수도, ETF를 만드는 월스트리트일 수도, 엘살바도르 대통령일 수도 있다. 컨설팅과 마케팅 사업자에게도 당연히 새로운 시장이다. 사업자들은 여기 돈을 아끼지 않기 때문에 규제 타파를 외치는 전문가(?)들도 나온다.

돈 쓰는 사람은 개인투자자. 이 사람들이 버는 돈도, 자기보다 나중에 코인을 사는 사람들의 주머니에서 나온다.

15　후원 받아서 사기성으로 찍은 콘텐츠들이 무더기로 적발된 바 있다.

4.2 블록체인 비즈니스의 본질

4.2.1 원래 돈의 이동을 보고 판단한다

이런 돈의 이동 모습을 보고 성격을 파악하는 것이다. 샀다, 오르면 좋겠다~로 끝나는 게 아니다. 나와 사업자의 권리의무 관계, 사업자의 수익-비용-이윤 구조를 봐야 한다. 우리는 다른 경우에는 그런 걸 다 생각하고 있다.

예를 들어, 새로운 서비스가 나왔다고 광고한다. 휴대폰에서 포인트를 충전해 놓고 편리하게 쓰는 거라고 한다. 어~ 이 사업자들은 돈을 어떻게 벌지? 충전금으로 이체받은 돈은 이용자들이 쓴다고 할 때 바로 내줘야 되니까 따로 예금해 놓고 못 건드린다. 대신 결제할 때 가맹점에서 수수료를 받는구나, 그리고 이용자들이 많아지면 다른 광고도 하고 상품도 팔면서 이익이 나오는구나. 네이버 검색이랑 카카오톡 메신저는 다 공짜인데 어떻게 유지되지? 이것을 이해하는데 기술과 경제 전문가일 필요도 없고, 그 회사들도 이 부분을 숨기지 않는다.

또 우리는, 돈의 대가로 제공되는 재화나 서비스가 무엇인지로 가치를 판단하고 있다. 마약 거래는 확실히 반대급부를 주지만 금지된다. 도둑질, 사기, 기부 이런 건 제공되는 게 없다. 그때는 돈이 넘어가는 이유에서 판단이 갈라진다.

4.2.2 다른 돈의 이동과 비교 - 사기, 도박, 주식, 복권

이제까지 파악된 기술과 비즈니스에 관한 사실을 가지고 블록체인을 평가해보자.

① 개인주머니에서 나간 돈이 코인사업자들에게 간다. ② 사업자들은 코인에 대해서 환불, 구체적 의무 이행, 판매대금의 사용 등 직접적 책임 관계가 없다. 팔면 끝이다. ③ 개인들의 투자금의 회수는 거래소를 통해 후발 구매자의 돈을 받아야 이루어진다.

사기: 사업자가 어떻게 돈 버는지 알고 나면 속았다는 생각이 들 수는 있는데, 사람들도 코인은 팔아야 돈이 된다는 것을 알면서 샀기 때문에 사기와 다르다. 형법상 사기죄는 거짓말과 피해 간의 직접적 인과관계를 피해자가 증명해야 한다.

복권: 주머니 돈이 그냥 소수에게 들어간다는 결과가 동일하다. 다만, 그걸 표방하느냐에서 차이가 난다. 복권 사업에서 당첨금 지급은 비용의 일부일 뿐이고, 기금 조정이 목적이다. 블록체인사업자 측은 복권재단 + 사업자 컨소시움에, 산 것보다 높은 가격에 판 개인들은 당첨자에 대응된다. 사람들이 앞 부분은 의식하지 않는 것 같다.

도박: 사고파는 사람들만 보면 도박의 성격이다(1장 주식과 코인의 구별 참조). 도박이라고 다 불법은 아니다. 개념은 도박에 해당되지만, 주식이나 복권처럼 다른 목적이 있어서, 카지노처럼 제한적으로, 허용된 것도 있다. 코인의 문제는, 다른 것인 양 시선을 분산시키는 말들 때문에 그 성격에 맞는 대책 논의를 시작하지도 못하고 있다는 점이다.

돈: 돈은 발행한 사람이 자기가 가지는 게 아니지 않는가. 더 이상 차이점을 설명할 필요가 있을까? 코인사업자들이 법정화폐를 비판하기 때문에 그 대체재라는 착각에 빠질 수 있다. 그러나, 무언가를 비판하는 것과 대체하는 것은 다르다. 의심하고 비판하는 것은 탐구의 시작이지만, 자기가 대신하겠다고 나설 때는 뭐가 어떻게 좋은지 설명해야 하는 것이다. 지금은 거꾸로다. 대중은 이상하지만 답을 모른다고 질문을 못하고, 사업자는 화폐에 나쁜 점이 있으니까 코인이 답이라고 한다.

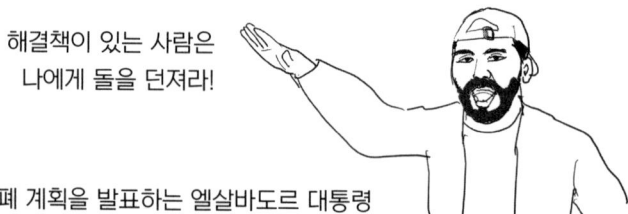

비트코인 법정화폐 계획을 발표하는 엘살바도르 대통령

- 그 유튜브를 봤는데, 달러가 기축 통화로서 나쁘다는 얘기만 한다. 그래서 어쩌라고? 자기는 달러가 없을까?

4.3 각 국가의 포지셔닝

이것에 대한 각 나라의 대처를 보자. '금지한 나라', '미국', '놔두는 나라'로 갈라진다.

4.3.1 중국에서는 금지되고 미국에서는 활발한 이유

중국은 한때 비트코인 채굴의 종주국이었으나, 현재는 채굴과 거래가 완전히 금지된 상태다. 2017년 거래가 먼저 금지됐고, 채굴은 2021년에 금지되었다.

미국이 현재는 채굴과 거래의 중심이다. 선진국이라서 전기료가 비쌀 것 같지만, 발전소랑 따로 계약이 가능하다고 한다. 가장 큰 코인거래소들이 미국에 있고, 심지어 주식시장에 상장도 됐다. 글로벌 미국 회사들은 비트코인 결제를 받는다고 발표하고, 엘살바도르에 비트코인 서비스를 제공하는 것도 미국 회사이다. 스테이블 코인 '테더'도 미국에서 나왔고(3.5 코인의 종류 구별 참조), 비트코인 ETF가 시카고 선물거래소에 등장했다.

중국과 미국은 왜 이렇게 다른 모습을 보일까?

중국은 공산당 정부가 정책을 바로 결정하는 나라다. 도박이고 국민들한테 좋을 게 하나도 없다, 자기 정권 유지에도 도움이 안 된다, 이렇게 판단한 것이다. 중국에서 채굴해서 외국에서 팔면 외화를 버는 거 같지만, 그 돈이 중국으로 들어온다는 보장도 없다. 누가 벌었는지 모르기 때문에 돈을 걷을 수도 없다. 돈세탁하기만 좋아진다. 그런데 내가 바로 결정할 수 있는 입장이다. 그냥 금지하면 됐던 거다.

미국은? 뭐 미국은 한쪽에서 기업적으로 불로소득이 생기면 좋은 나라인가? 다수 국민에게 좋을 리는 없을 것이다. 하지만 미국은 워낙 자본의 정치적 영향력이 크다. 70년 전에 버틀란드 러셀이 이미 그런 점을 지적했을 정도니까. 오바마 대통령도 파생상품 규제한다고 했었는데, 막상 대통령 되고 나니까 행정부 관료가 다 골드만삭스 출신이었다고 한다(넷플릭스-인사이드잡). 골드만삭스 사장 하다가, MIT경영대학원 교수로 가서 비트코인 강의하던 개리 갠슬러 씨가 2021년에 증권거래위원장이 됐고, 그해 비트코인 ETF가 나왔다.

미국 당국은 왜 이렇게 놔둘까?
① 전 세계에서 코인으로 번 돈이 달러로 바뀌니까 국익에 도움되는 점이 있다.
② 그냥 사업자들의 로비력이 좋다.

그래도 미국은 적어도, 전 세계에서 코인으로 번 돈이 달러로 환전되니까 외환위기 올 걱정은 없다. 그러니까 지금 미국 걱정할 때가 아니다.

4.3.2 대한민국

국민들이 코인 거래를 하는 것을 놔두는 나라들. 그런 나라는 코인 비즈니스 생태계에서 돈을 내놓는 역할을 한다. 코인은 꼭 그것이 미제가 아니라도, 코인으로 번 돈이 결국 달러로 환전되기 때문에 미국을 제외한 나라에서는 외화유출의 문제가 발생된다. 이더리움을 만든 비탈릭 부테린이 러시아 사람이지만 이더리움 재단은 스위스에 있다. 그렇게 대박이 났지만, 러시아 경제에 기여한 게 있겠는지 생각해보라. 아예 인터넷도 안 되고 먹고사는 것이 어려우면 코인이 뭔지도 모르고, 거래를 할 수도 없기 때문에 어지간히 사는 나라들이 해당된다. 이런 나라에서는 코인을 만들고 코인거래소를 운영하는 일부 사람들만 엄청나게 돈을 벌어서 부동산을 사고, 기업을 쇼핑하고 있을 것이다. 그러한 행위는 그 나라의 경제질서를 왜곡시키고 사회를 피폐하게 만들 것이다.

 호구 잡힌 나라 중에서도 특히 우리나라, 같은 코인도 비싸게 팔려서 '김치 프리미엄'이라는 말이 생겼다. 그 시작은 2017년도이다. 중국에서 거래를 금지하자, 거기서 채굴된 비트코인이 우리나라로 넘어와서 엄청 팔린 것이다. 그때 빗썸, 업비트 같은 거래소도 폭발적으로 성장했다. 그런데 2017년 12월 1BTC 가격이 2천만원까지 됐을 때, 박상기 법무부장관이 도박성이 있어서 거래소 폐쇄 가능성을 검토한다는 발표를 한다.

 그 배경—기재부에서 외화가 갑자기 빠져나가는 것을 보고 놀라서 이유를 확인했더니, 비트코인 판 돈을 환전해 나가기 때문이었다. 중국인들의 강남 아파트 쇼핑이 증가하는 현상도 있었다. 그래서 법무부 장관이 금지하려고 일단 입장발표를 한 것이다. 바로 700만원으로 가격이 떨어졌고, 언론에서 질책이 시작됐다. 몇몇 국회의원들도 법무부를 비난하는 목소리를 높였다.[16] 얼마 안 가서, 문재인 대통령이 부처간 협의 없는 발표로 혼선을 줬다는 발언을 했다. 대통령은 논의를 잘 해보라고 했을 뿐인 것 같지만, 법무부

---

[16] 하태경 의원, 박영선 의원

의 입장 발표는 '박상기의 난'이라는 웃음거리가 되고, 새로운 기술이다, 발전을 막으면 안 된다~ 하는 사람들이 목소리를 높였고, 그것으로 규제 시도는 끝났다.

2021년 사회적 폐해가 커지고 다시 늦게나마, 거래소를 등록하게 해서 일단 수를 줄이려는 조치가 이루어졌다. 당시 은성수 금융위원장이 "암호화화폐는 내재가치가 없는 인정할 수 없는 화폐"라면서, 2030 세대의 암호화화폐 투자 열풍 관련해서 "사람들이 많이 투자한다고 보호해야 한다고 생각하지 않는다. 잘못된 길로 가면, 어른들이 이야기를 해줘야 한다"는 발언을 했다. 직후 코인 가격이 떨어지니까 청와대 게시판에 사퇴하라는 글이 올라오고, 국회의원들[17]은 청년들의 의사결정을 비하하는 꼰대식 발언이라고 대신 사과하고 난리가 났었다. 무슨 말을 잘못한 건지, 어른이라는 단어를 안 썼으면 가만있었을까? 미국 상품거래선물위원회 위원장이 테더 청문회에서 "비트코인에 대한 청년들의 열정을 존중해야 한다."고 했던 것이 연상되는 대목이다. 당연히 법이 엄격히 집행되지 못하고 흐지부지되고 있다.

---

[17] 전용기 의원, 이광재 의원

★디지털위안화

중국은 전부터 디지털위안화 연구를 시작해서 2021년 서비스를 시작했다. 디지털위안화 계획을 두고, 블록체인 기술이 좋은 걸 인정한 거다, 우리나라도 빨리 블록체인 기술을 수용해야 된다는 쪽으로 또 얘기들이 만들어졌다. 그런데 디지털위안화는 블록체인으로 하는 게 아니다.

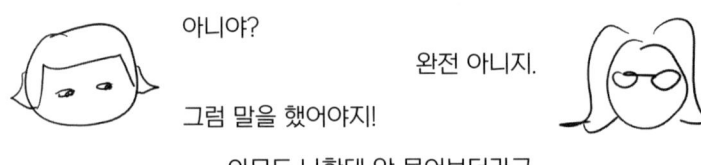

아니야?
그럼 말을 했어야지!
아무도 나한테 안 물어보더라구.
완전 아니지.

디지털위안화는 중국 법정화폐를 모바일로 사용하는 것이다. 원래는 중앙은행이 발행한 돈을 시중은행에 맡겨놓고 쓴다. 중국에서 많이 쓰는 알리페이, 위챗페이는 그 전자금융업자들에게 돈을 맡겨놓고 사용하는 것이다. 금융사업자들은 시스템을 구축해 놓고, 정보 처리와 정산 업무를 해준다. 디지털위안화는 민간사업자에게 돈을 맡겨 놓는 대신에, 중국 중앙은행에 직접 계좌를 트는 셈이다. 어차피 실제 업무는 중앙은행이 일일이 직접 할 수 없으니 은행과 결제사업자들에게 위탁하고, 중앙은행은 계약상으로만 서비스 제공자가 된다. 이를 통해 데이터나 자금흐름을 직접 모니터링하거나 통제할 수 있다.[18]

---

18 지방자치단체에서 국민 지원금으로 지급하는 지역화폐와는 다르다. 지역화폐는 지자체가 자기 예산에 있는 돈을 결제사업자들에게 주고, 그다음부터의 사용은 개인과 결제사업자의 관계이다.

★비트코인 ETF

비트코인 ETF는 2021년 10월에 나왔다. ETF는 자금을 모아서 여기저기 투자한 것을 주식처럼 거래하는 것이다.[19] 그런데 어차피 비트코인 한 가지에 투자하는 건데, 뭣 때문에 비트코인 ETF를 사야 하는 걸까? 심지어 비트코인 ETF는 비트코인 선물(1달, 3달, 6달 뒤의 미래가격에 미리 배팅하는 것)에 투자하는 것이다. 원자재 선물은, 비록 투기에 이용되는 것이 현실이라도, 6개월 뒤 원자재를 안정적으로 쓰기 위한 것이라는 무슨 명분이라도 있다. 비트코인 선물에는 무슨 존재 이유가 있을까? 비트코인 현물도 가격 변동이 심해서 정신이 없는데, ETF 가격은 어떻게 움직이는 구조인지 그걸 만든 사람도 모를 것이다.

차라리 그냥 비트코인을 사지, ETF를 사면 뭐가 더 좋대?

모르겠어.

근데, 유튜브 보니까, 이런 얘기는 많더라.

제도권에서 완전히 인정한 거다, 기관투자자들도 투자할 수 있게 된 거다, 금ETF 생기고 나서 금값 엄청 올랐다.

왜 사야 되는지는 모르겠지만, 왜 만들었는지는 알겠지!?

---

19 펀드랑 똑같은데, 시가반영을 좀 더 자주 하기 때문에 거래창에서 보이는 가격으로 정산된다.

4.3.3 허용하는 것이 정말 글로벌 스탠다드인가?

채굴과 거래를 전면 또는 사실상 금지하는 나라들이 점점 증가하고 있어서, 2022년 1월 기준으로 42개국에 이른다.[20] 그런데도 마치 암호화폐를 인정하고, 심지어 장려하는 것이 글로벌 스탠다드인 것처럼 얘기하는 사람들이 있다.

뇌리에 남는 건 미국과 유럽에서 많이 한다는 거고, 중국이나 러시아가 금지했다는 사실은—국가가 블록체인을 직접 하려고 그런다, 탈중앙화 정신이라서 독재정권에서 싫어한다~로 흘러버린다. 이 사안에서, 중국은 그 정치체제 덕분에 사실 빠른 결정을 할 수 있었던 것인데 말이다. 미국은 원래 그런 나라고. 서브프라임 채권도 미국에서 팔아서 세계적 금융위기가 나지 않았던가. 붕괴가 임박했음도 미국의 움직임을 보면 알 수 있다.

미국에서 환경을 생각하는 채굴업자들의 논의가 시작됐다, 일론 머스크가 결제를 못하겠다고 말을 바꾼 이유는 전력이 너무 소비돼서 환경을 파괴한다는 것이었다. 그게 하필 자기 코인을 팔고 나서 생각났다는 게 황당하지만, 거기에 채굴업자들이 화답을 했다. 이제부터 환경을 생각해서 채굴을 해

---

[20] 한국경제 2022. 1. 6.자 기사(임현우 기자 tardis@hankyung.com) - 암호화폐 금지국은 몇 개일까?

보겠다고. 그런 게 가능할지는 둘째 치고, 탈중앙화라고 미화하면서, 2024년 반감기를 앞두고 자기들끼리 의논하고 있는 걸 얼떨결에 인정한 거다.

또 다른 조짐은 비트코인 ETF. 코인의 모든 서비스는 실제로 나온 거든, 말만 있는 거든, 한 가지 이유—코인 거래를 늘리고 가격을 올리기 위해 존재함을 살펴보았다. 코인 생태계는 코인 발행, 채굴, 거래소가 만들었고, 글로벌 기업들이 제휴사업으로 호재거리를 주면서 투자에 참여했다. 그런데 아무리 봐도 업무상 상관없는 월스트리트가 숟가락을 얹은 것이다. 마치 돈 룩업[21] 탈출 로켓의 마지막 티켓을 얻은 부자처럼.

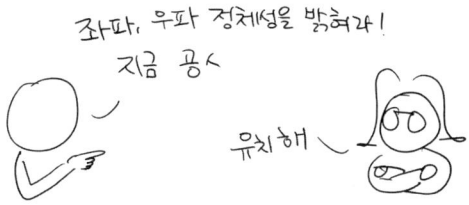

자본주의, 자유민주주의의 장점을 누리려면 이런 문제도 잘 대응해야 한다. 투표장 갔다오는 게 끝이 아니라, 정책들을 감시해야 한다. 어떻게? 5장에서 생각해보자. 쉬운 일은 아니지만, 불가능한 것도 아니다.

---

21 넷플릭스 영화

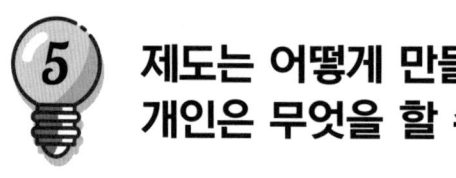 제도는 어떻게 만들어지고, 개인은 무엇을 할 수 있는가?

5.1 객관적 사실과 다른 얘기들만 잔뜩 있는 이유

여기까지 내용을 읽으면 이런 생각이 들 수 있다. 뭐… 말이 되는 것 같기는 한데, 지금까지 들었던 얘기하고 너무 다른데? 이 말이 정말 맞는다면, 그 사람들이 다 틀렸다는 건가? 다 똑똑한 사람들인 것 같던데.

얘기가 그렇게 되나요? 그렇다면

네. 그렇습니다.

여러 명이 말했다고 맞는 게 아니잖아요.

새로운 전자제품을 만들면 작동법을 잘 적은 제품설명서를 같이 준다. 그런데, 이런 비즈니스는 그걸 잘 알려주면 비즈니스를 할 수가 없는데? 그 일을 하는 사람들이 자료를 제일 열심히 만드는데, 그 자료의 목적은 '사실'이 아닌 '믿음'을 만드는 것이다.

아니라고 말하는 사람이 없지도 않다. 그렇게 말하는 사람의 숫자, 생산하는 콘텐츠의 양, 전파해주는 매체가 적어서 그렇지. 이 현상을 보면서 아니라는 감이 오는 사람은 "블록체인 기술은 초기다. 앞으로 무궁무진하니까 기다려줘야 된다." 이런 말 때문에 혹시 자기가 모르는 뭐가 있을까봐 망설인다. 아니라는 걸 확실히 아는 사람도 코인 가격이 올라가니까 "이래도 아니냐!"고 하기 때문에 뻘쭘해서 말을 계속 못한다.

그런데, 이런 현상은 요즘 들어 생긴 것도, 블록체인에만 그런 것도 아니다. "소수가 다수를 지배하기 위해서 미신을 만들고, 돈을 써서 그것을 여론으로 만든다." 버틀란드 러셀이 벌써 옛날에 이런 말을 했는데, 그 사람도 자기보다 옛날부터 그래왔다는 얘기를 한 거였다. 그냥 고질적 문제다. 그래서 교육을 제대로 하는 게 필요하다, 듣는 사람이 정신을 똑바로 차리자, 이런 말을 우리가 또 얼마나 많이 하는가! 그리고 학교에서는 애들한테 인터넷에서 코 베이지 않으려면 잘 생각하라고 가르친다.

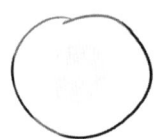

실상을 파악하려면, 달을 가리키는 손가락도 봐야 한다.

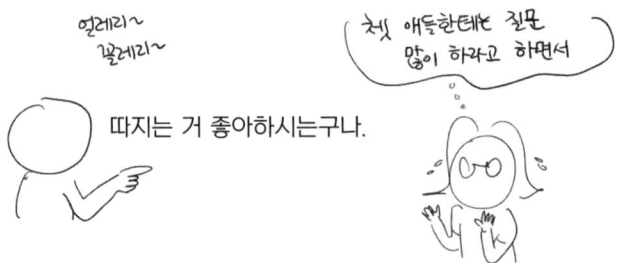

5.2 심각한 사회적 폐해 – 이런 얘기는 누가 하나

① 기업적 불로소득의 해악

속성이 도박이기 때문에 도박의 나쁜 점은 다 가지고 있다. 애초에 도박을 왜 금지할까? 그냥 좀 하게 내버려두면 안 되나? 이더리움이 도박이라는 지적에 대해서 비탈릭 부테린은 이렇게 말했다.

"그래서 어쩌라고?"

도박은, 새로 창출되는 재화나 서비스 없이 돈만 돌리는 걸 말한다. 누구는 좀 딸 수도 있겠지만, 그게 커지면 사회의 토대가 무너지기 때문에 금지하는 것이다. 열심히 일해라~ 그런 게 아니라. 사회 전체에서 봤을 때 돈은 목적이 아니라, 돈이 이동하는 과정을 통해 생산과 고용이 생기면서 사회가 돌아간다. 그런데 각 참여자들은 돈을 보고 움직이는 것이 맞기 때문에, 그 보상체계의 원리가 중요한 것이다. 그래서 돈만 돌아가는 업무에 대해서 어느 나라나 신중하게 다룬다. 아무것도 나오는 게 없으면서 수백억, 수천억, 수조가 몇 명한테로 이동하면, 여러 사람이 오랜 시간 같이 만들어서 살고 있는 토대가 흔들린다. 누가 그런 사회에서 살고 싶겠나. 그래서 금융업 라이선스 없이 돈을 모으면, 전부 유사수신행위로 금지하는 것이다.

코인 비즈니스에는 정말 큰 문제가 있다. 불로소득이 기업적으로 발생한다는 점이다. 투자하는 사람들은 혹시나 해서 재미로 약간 하는 경우가 많기 때문에 심각하게 느끼지 못하지만, 사업자들은 몇 천억씩 몇 조씩을 가만히 앉아서 번다. 그 돈을 어디에 쓰느냐? 비싼 데서 밥이나 먹고 외제차 끌고 다니는 게 전부일 리가 없지 않은가. 부동산과 기업을 쇼핑하고 있다. 멀쩡한 기업들도 이게 너무 돈이 되니까, 어떻게 거래소에라도, NFT기업에라도 투자를 할 수 없을까 기웃거린다. 그런데 대부분의 대기업들은 어차피 돈을 벌지도 못할 것이다. 뒤늦게 투자해서 기성 코인 사업자들에게 돈과 명분을 주고, 힘들게 번 돈만 날리는 경우가 많을 것이다. 진짜 연구를 하고 기술을 개발하는 사람들은 자금조달이 제대로 안 된다. 그래서 불평하면, "너도 하면 되잖아"라는 말을 듣겠지. 나중에 아팠을 때 나를 치료해 줄 약이 개발될 기회가 사라지는 중인지 모른다.

② 외환유출과 경제위기 리스크

"우리나라 거래소에서 우리나라 사업자들이 코인을 더 잘 발행하게 해서 국부의 유출을 막아야 된다." 이런 건 도대체 무슨 말일까? "국내 산업 활성화=국부 유출 방지, 외화벌이, 국위선양"이라는 사람들에게 익숙한 프레임을 가지고, 사실과 반대되는 구호를 만든 것이다. 애초에 가치가 없는 산업을 뭘 보고 활성화한다는 걸까?

코인이 달러에 대한 저항 운동으로 포장돼 있지만, 코인사업자들은 현금, 그중에서도 달러를 좋아한다. 그래서 결국 미국 거래소가 가장 커진다. 누가 만들어서 어디서 팔든, 코인거래로 번 돈은 상당 부분 달러로 환전되게 되어 있다. 코인을 어느 나라 사람들이 많이 샀는지가 중요하다. 바로 그 나라의 국부가 주로 미국으로 유출되는 것이다. 그렇구나~로 끝날 문제가 아니다. 지금 코로나로 해외 여행은 줄었는데, 외화반출은 계속 증가하고 있다. 그리고 그 원인이 코인으로 추정되고 있다. 이것 때문에 외환위기가 오더라도, 이상한 얘기를 했던 사람들이 책임을 질 일은 절대 없을 것이다.

③ 탄소배출과 환경파괴

　채굴업자들이 컴퓨터 설비를 돌리고 냉각장치까지 가동하는 데 엄청난 전력이 소비된다. 트랜잭션 하나가 이산화탄소를 평균 300kg 배출하기 때문에 블록 하나에 트랜잭션 2,000개만 계산해도 60만 kg이다.[22] 2인 가구의 한 달 배출량이 300kg 수준이라고 하니까, 어마어마한 양이다. 이 때문에 빌게이츠 씨는 블록체인은 인류에게 알려진 그 어떤 방식보다 많은 전기를 소비하는 데이터 처리 방법이라고 비판했다.

---

[22] 2인가구 기준으로(전기, 가스, 수도를 평균적으로 사용하고, 휘발류 차량에 15만원 주유한다고 했을 때) 1달 이산화탄소 배출량 341.9kg 정도이다(출처: 그린포스트코리아(http://www.greenpostkorea.co.kr)).

아직 환경단체들이 이 분야를 본격적으로 다루는 상황은 아니다. 어쩌면 '기술'이라는 허들 때문에 대응을 잘 못하는 것일 수도 있다. 혹시 블록체인 업계에서 주요 환경보호 단체에 기부금을 많이 내려고 계획하고 있지 않을까? 그렇게 되면, 환경보호 단체들은 계속 플라스틱 빨대 얘기만 할지도 모른다(넷플릭스-씨스피라시).

④ 사회분열

기술적 내용이 있다 보니, 가볍게 얘기하기 좋은 주제가 아니다. 상대가 업계 관계자가 아니라 "코인은 투기지만, 블록체인 기술은 발전시켜야지"라고 말하는 사람이라도, 내 의견을 전하려면 2장, 3장의 내용을 한참 설명해야 되지 않겠는가!

"블록체인이 새로운 기술이라서 일단 규제하지 말고 지켜봐야 된다"고 주장하는 사람들에게는 말로 못 이긴다. 논리적으로 따지면, 믿음의 문제다, 개인 철학에 따라 다를 수 있다~라고 빠져나가기 때문이다. 계속 얘기하다가는 내 말만 옳다고 열 올리는 이상한 사람 된다. 투자를 하고 있는 사람들은 아니라는 말이 듣기 싫을 수밖에 없다. 그래서 다른 많은 사회 이슈들처럼, 블록체인과 코인에는 사실을 확정하는 논의가 사라졌다. 그 부분은 이래서 아니라고 지적하면, 같이 검토하는 것이 아니라, 찬성파 vs 반대파의 토론 배틀로 소비된다.

5.3 대한민국 현행 법규

이런 상태의 블록체인과 코인. 해결책을 생각해보기 전 마지막 단계로, 지금 제도가 어떻게 되어 있는지 보자. 금지시킨 나라들은 논외로, 2020~2021년 사이에 여러 나라들이 최소한 가상자산사업자를 등록하게 하는 법을 만들었다. 가상자산 거래로 인한 이익에 세금도 부과한다.

〈대한민국 가상자산 규제-'21. 9. 25. 시행〉
① **가상자산사업자 등록 필요(5년 이하 징역 또는 5천만원 이하 벌금)**
등록 대상은 '가상자산 거래', '거래의 중개', '가상자산 보관 및 이전'이다.

② **가상자산과 금전의 교환행위는 사업자와 고객 명의 실명계좌로 해야 함**
코인과 현금 간 교환 서비스를 제공하려면, 은행에 거래소 명의로 법인계좌를 개설해야 등록할 수 있다. 은행은 계좌 서비스를 할 때 고객을 확인하고 거래를 모니터링할 의무가 있다. 필요에 따라 거래를 중단할 수도 있다. 금융위원회는 직접 거래소 영업을 중단시키면 욕을 먹고 시끄럽기 때문에, 은행을 통해 거래소 숫자가 억제되기를 바라고 있다. 은행 업무에 대해서는 금융위가 통제하기 용이하기 때문이다. 은행은 계좌를 개설해주면 딩징 고객을 늘릴 수 있고, 막 해주면 금융위 눈치가 보이기 때문에 딜레마에 놓인 상태이다. 코인사업자들이 만든 사이트를 보면, 국회의원실을 통해 금융위/은행에 압력을 가해서 계좌개설을 관철한다는 취지의

게시글들이 올라와 있다.[23]

코인으로만 거래하는 곳들은 어차피 계좌 개설이 장애가 되지도 않는다. 거기서 코인을 사고, 계좌거래를 하는 거래소로 옮겨서 출금하면 된다. 그리고 많은 디파이 서비스들은 사업자 명의를 드러내지 않고 프로그램만 공개한 것이기 때문에 등록 없이 계속 영업하고 있다.

③ 코인 투자 수익에 대한 22% 과세는 1년 유예

2022년 1월부터 시행하기로 했었는데, 1년 연기하는 법 개정이 2021년 12월에 전격 통과되었다.[24]

결국 사업을 인정하되, 사업장을 신고하라는 최소한의 룰만 만들어 둔 상태이다. 사업자들은 법을 만들지 말라고 하지 않는다. 그들이 하는 말은 '명확한 기준'을 신중히 검토해서 만들어야 한다는 것이다. 사실은, 그러라고 이미 만들어져 있는 법들을 적용하면 되는데 말이다. 우리가 도박과 자금의

---

23 디지털자산 공정거래협회(http://digitalasset.or.kr)라는 사이트의 공지사항 게시글 사례. 제목: [은행권 법인계좌] 블록체인사업자의 법인계좌 개설 해결내용 – OO은행에서 '블록체인' '가상자산' '코인' '디지털자산' 등의 사업내용이 들어간 법인의 신규 및 추가 법인계좌 개설을 거절하여, 국회를 통해 다시 OO은행의 업무 오류를 금융위에 따지기로 맘 먹고, 전화 통화를 마친 뒤 이 내용을 국회 민병덕 의원실에 알렸고, 하루 뒤인 오늘 낮에 법인계좌 개설이 완료되었다는 소식입니다.

24 노웅래 의원 대표발의. 노의원은 소득공제액을 5000만원까지 상향하는 것으로 제안했는데, 결국 250만원으로 유지되었다.

모집 및 이동 행위에 대해서 적용하고 있는 형법, 유사수신행위법, 클라우드 펀딩법, 자본시장법, 외국환관리법, 전자금융거래법 등을 제대로 적용하기만 해도, 대부분의 코인 업무는 막을 수 있다.

제대로 법 집행이 되지 않아서 코인의 발행과 거래소의 영업이 이렇게 왕성한데도, "정부가 섣부른 규제로 혁신의 싹을 자르는 우를 범하고 있다."는 얘기가 어디선가 계속 나온다. 정부가 때때로 그런 실책을 하는 것은 사실이다. 그렇다고, 여기에 그 말이 맞는가? 오목에서 공격이 방어라는 말이 있다. 규제를 철폐하라는 주장은, 산업이 핍박받는 이미지를 주고, 기존 법규의 집행을 방해한다. 그 작전은 잘 먹히고 있는 듯 보인다.

📎 투자자 보호 장치를 마련한다는 논의, 배를 산으로 올렸다

이걸 한번 생각해 보자. 어떤 사람들이 주식을 발행하고, 동시에 거래소도 만들어서 그 주식을 파는데, 판매대금은 임의로 쓸 수 있다. 동시에 관련된 프로젝트를 만들어서 주식을 홍보하고, 관계자들은 그 전후에 주식을 거래하는 것에 대한 제약이 없다. 누가 어떻게 관여되어 있는지도 정확히 모른다.

이게 말이 되는 일인가? 당연히 말이 안 된다. 그래서, 그러니까, 투자자 보호 장치를 만들고, 자금 이동도 감시한다고 한다. 사업자들도 찬성이라고 한다. 이것 자체가 이미 배를 산으로 올려놓은 것이다. 마치 코인으로 결제가 된다고 말할 때 이미 돈을 버는 것처럼.

그렇게 돈을 버는 자체가 문제인데, 지금 코인투자자를 보호하는 얘기할 순서가 아니지 않나? 경제 왜곡, 외화 유출, 사회 분열로 진짜 피해는 코인을 전혀 안 하는 사람들도 보는데, 이 사회의 근간을 그런 투자자 보호장치로 지킬 길은 없다. 오히려 코인투자를 하는 사람들은 하이리스크, 하이리턴으로 위험을 감수하는 것이어서, 보호 필요성이 상대적으로 낮다. 이 현상을 허용하고 있으니까 투자 피해자도 생기는 것이지, 설명의무 좀 추가한다고 달라지는 것은 없다. 설명의무가 제일 말하기 쉽다고 맨날 그것만 강화하니까, 간단한 펀드 가입하는데 쓸데없이 종이를 몇 장씩 쓰고 서명을 그렇게 여러 번 해야 하는 것이다.

   자금을 정당하게 모집해서 목적에 맞게 쓰도록 하면 투자자 보호는 자동으로 된다. 그런 제도, 이미 다 있다. 그거에 따라서 하지 않는 것은 처벌하면 되는 문제다. 거래소 등록시키고, 자금출처 기재하게 하는 것은 근본적 해결책이 아니다. 자금세탁방지도 마찬가지이다. 코인은 자기 지갑에서 아무 거래소로나 옮길 수 있기 때문에, 거래소들은 국경 없이 사실상 연결되어 있다. 애초에 있어서는 안 되는 일은 '잘 하고 있는지' 감독한다고, 조직 만들고 세금 쓰고… 그 조직을 위한 일을 더 만드는 것은 하지 말아야 한다.

   트래블룰 이런 거 논의하면서 그냥 시간 보내는 것이다.[25] ①방치하면서 논의하느냐, ②법을 집행하면서 논의하느냐, 이 두 가지만 있다. 지금 어떻게 하고 있나? ①번이다. 공청회, 토론회들을 한번 보라. 이걸로 돈 많이 벌고 배운 사람들이 구사하는 화려한 용어들 - 코인 비즈니스가 전문적이고 잘 될 거라는 믿음을 만든다. 그러니, 지금이라도 사야 되나~ 이런 생각을 누군들 하지 않겠는가.

---

[25] 코인거래소에서 코인을 이동시킬 때 자율적 관리체계를 만든다는 것. 예를 들면, 업비트는 다른 거래소와 달리, 거래소에서 산 코인을 개인 지갑으로 전송하는 것을 막지 않는데, 제휴 은행인 케이뱅크가 고객 확보에 급한 상태라 이를 묵인하고 있기 때문이다.

5. 제도는 어떻게 만들어지고, 개인은 무엇을 할 수 있는가?

5.4 제도가 운영되는 메커니즘

정치인들이 국민을 위하지 않는다고 화를 냈는데, 그럴 일이 없다는 생각을 하게 됐다. 정치인도 똑같은 사람이고 정치가 직업일 뿐인데, 일단 자기가 당선되고 그 직을 유지해야 되지 않겠는가! 행정부? 이분들도 행정고시 붙어서 거기서 일하는 거다. 민간인들도 회사를 다니면서, 아닌 것 같은 것도 위에서 시키면 해야 되고, 실적 때문에 생색내기용 일도 하고 그런다. 국민들은 정치인과 공무원이, 우리 가족과 똑같은 생활인이라는 점을 인정해야 한다. 게다가 사람들의 이해관계가 다른데, '국민'은 도대체 누구를 말한단 말인가?

〈제도의 성립과 운영 생태계〉

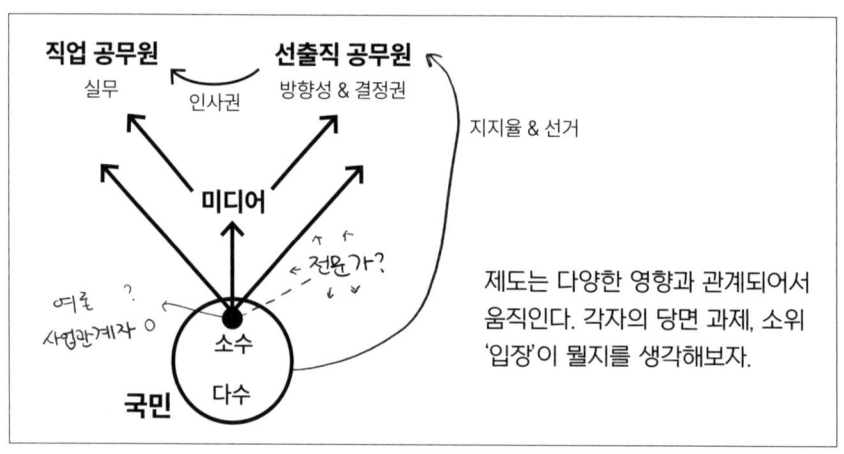

- **직업공무원**: 제도를 운영하고, 새로 만드는 일을 담당한다. 법률은 국회에서 만든다고 알고 있는데, 많은 경우 실제 내용을 해당 부처에서 정리해서 올리면 국회에서는 의결만 한다. 그리고 법률에는 대강의 사항만 정하고, 나머지는 행정법규로 정하도록 위임되어 있다.
- **선출직공무원**: 직업공무원에 대한 인사권을 가지고 있다 보니, 제도의 수립과 운영의 방향성을 사실상 결정하게 된다. 경찰, 검찰, 금융위, 금감원 등에서 업자들을 어떤 기준과 강도로 단속할지도 이쪽에 많이 달려 있다. 그런데 이들의 관심은 정치와 선거.
- **국민**: '여론'이 대한민국 여권소지자 전체의 의견이 아니다. 블록체인과 코인 제도에 대한 여론은 누구의 의견을 말하는 걸까? 그냥, 말을 하는 사람의 의견이 여론이다. 이해관계자들은 중복적으로 많은 단체를 만들어서 주장을 전파하기 때문에 '여론'이 그런 것으로 보이기 쉽다. 그리고 사람들은 그것을 객관적 정보라고 받아들이게 된다.
- **전문가**: 제도를 만들 때 전문가 의견을 참조한다. 사람들도 뭔가를 배우거나 자기 생각을 확인하고 싶을 때 전문가 의견을 찾아본다. 전문가가 누군가? 어떤 전문가가 목소리를 크게 낼까? 코인을 먼저 접해본 사람이 이것저것 많이 밀힐 수 있어서 전문가라고 불릴 텐데, 그들은 코인사업을 직접 하고 있다. 사업가가 아닌 교수나, 변호사? 컨설팅도 사업이다. 많은 토론회는 코인사업자들이 멍석을 깔고 자기들을 대변하는 사람

으로 세팅하는 것이다. 교수들은, 사업자들이 토론회의 멍석을 깔고 자기들을 대변하는 사람으로 초빙하기 때문에 사업의 인정을 전제로 한 얘기만 나온다.

- **미디어**: 사람들에게 정보의 원천이 되는 미디어의 역할은 절대적이다. 정치인과 공무원들도 여기에 굉장히 신경 쓴다. 언론사는 많은 소식을 올려야 하기 때문에 정부와 사업자들이 주는 소스를 받아서 전파하기 바쁘다. 블록체인을 전문으로 하는 인터넷 신문은 업자들의 광고판이라고 보면 된다. 해외 소식도, 코인/NFT를 비판하는 교수들도 있는데 그런 건 잘 보도되지 않고, 일론 머스크 코인 얘기만 나온다. 독자들이 그런 걸 좋아하기 때문일 것이다.

근데…누구나 자기 이해관계가 있는 거잖아?
원래 각자가 입장을 주장하고 그걸 절충하는 게 제도 아닐까?

어…그런 것 같네.

뭐가 그래!

그거는 각 입장이 팽팽할 때고.

코인은 허용해야 한다는 쪽 사람들만 얘기하잖아.
이런 주제를 그렇게 자기들끼리 정해버리면,
그 영향이 안 하는 사람들한테 다~ 돌아온다고.

정말이네. 그러면 아니라고 생각하면,
아니라고 말을 해야지!

아니라는 사람은 그 일을 안 하는데 무슨 말을,
왜 하겠어. 빌게이츠 정도면 모르겠지만.

빌게이츠 씨도 쫌 말하다 말았잖아.
가격이 오른다고 "이래도 기술이 아니고 허상이냐!"
라고 하는데, 할 말 없지 뭐.

5.5 개인이 사회문제 해결에 무엇을 할 수 있을까?

이렇게, 대다수는 돈을 잃고, 안 하는 사람들한테도 피해가 돌아오는 블록체인. 이미 발생한 문제는 어쩔 수 없지만, 한시라도 빨리 조치하는 게 피해를 줄이는 길이다. 더구나 지금은 NFT 토큰으로 화제를 바꿔서 마치 다른 기술인 것처럼 사업을 일구고 있다. 주식도 버는 것만큼이나, 손절하는 게 중요하지 않은가! 사회도 마찬가지이다.

'공'이 아무것도 없다는 뜻이 아니다. 이렇게 복잡하게 많은 것들이 있는데.

'이래야 된다' 하고 내 기준에서 하는 고정된 생각이 실상이 아니라는 것, 그것이 공입니다. 모든 현상은 잘 살펴보면, 많은 것들이 각자 움직이면서 서로 영향을 주고 있는 것이죠(연기, 緣起). 이런 관점을 가지면, 현상을 파악하고 문제를 해결하는데 도움이 되겠다~ 뭐 그런 거잖아요?

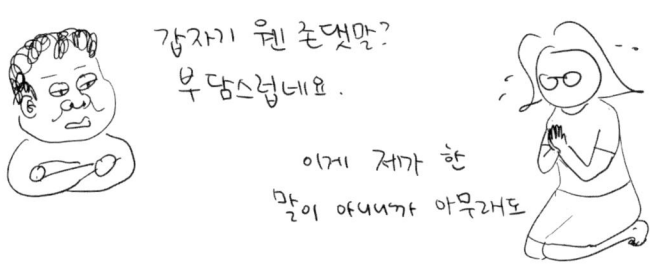

이렇게 서로 연관되어 있는 세계-각자는 사회 문제에 대해 어떻게 마음을 내고, 무엇을 할 수 있을까?

5.5.1 이미 아는 대로 하면 된다

① 그냥 관심을 가진다.

블록체인, NFT에 대한 '여론'의 실상은 '미신'이다. 사업자들은 일반 대중이 사실이 아닌 것을 믿게 하고 적어도 반대하지 못하도록 어려운 용어, 추상적인 말, 익숙한 프레임을 써서 많은 말을 만들었다. 버틀란드 러셀은 이렇게 말했다. "그들은 아주 돈이 많기 때문에 여론을 다루는데 필요한 잇점들이 많다… 그러나 미신의 도움이 없다면, 이러한 무기들 중 그 어느 것도 충분치 못하다."(현대판 마이더스)

그는 그 글에서, "전문능력을 가진 사람 대부분이 공동체의 이익에 반하는 성향을 가지고 있다."라고 했다. 사실 이 글을 어떤 블로그에서 먼저 읽었다. 그런데, 딱 이 부분에서 인용이 끝났기 때문에, 그렇게 말한 이유가 궁금해서 책을 주문하지 않을 수 없었다.

군사 전문가들이 군비 감축 회의에서는 주요 걸림돌이 된다. 전문가들은 부정직해서가 아니라 그들이 가진 습관적 편견으로 인해 군비문제를 적절한 시간으로 보지 못하기 때문이다… 이와 똑같은 일이 금융업에도 적용된다… 자세한 내막에 대해서는 그 일에 종사하는 사람들 외에는 쉽게 알 수가 없다. 그러나 그들이 전적으로 공정한 시각을 가질 수 없음은 물론이다. 이러한 사태를 치유하기 위해서는 금융의 중요성을 깨닫고 모든 이들이 폭넓게 이해할 수 있도록 설명을 간소

화하는 방법을 찾아야 한다. 그것이 간단한 일은 아니지만 불가능한 것도 아니다 … 현대세계의 복잡성은 보통 남녀들이 현명한 여론을 형성하건 나아가 어떤 전문가의 의견이 가장 고려할 만한 것인가를 판단하는 일을 점점 어렵게 만드는 주범이다. 이 문제를 치유하려면 교육제도를 개선해야 한다. 설명방식에 있어 지금처럼 애매한 방식에서 벗어나 이해하기 쉬운 방법을 찾아야 한다.

그는 당시의 경제학 교육이 소수 금융업자들이 누리는 부당한 축재를 미화시키는 방향으로 이루어지고 있다고 비판했다. 지금은 인터넷이 여론의 중요한 채널이니까, 일단 이 일을 아는 사람들은 좀더 힘을 내서 정보를 생산할 필요가 있겠다. 그리고 블록체인에 대한 미신을 만드는 책, 강연, 기고 같은 자료는 논리수업의 교재로 만들어서 교육하고, 정상적 법 집행을 방해하고 코인사업에 힘을 실어주는 국회의원들에게는 정치적 책임을 물어야 할 것이다. 미신을 만드는 시도는 항상 있으며 논리적 판단을 하려면 어떻게 정신을 차려야 하는지, 이만큼 잘 보여주는 사례도 없다. 이런 수고들은 현 사태를 수습하고, 유사한 사태에 대비하는 일에 효과를 발휘할 것이다. 서브프라임 사건은 일반인들이 투자했던 것은 아니어서, 시간이 지나가니까 잊혔고, 그걸 적극적으로 옹호했던 인사들도 별로 기억되지 않았다.[26] 자기 발언이 따라다닌다고 생각하면, 블록체인의 미래를 밝히자고 말하기 전에 한 번은 더 고민할 것이다.

---

26 넷플릭스 「다큐멘터리 인사이드 잡에 보면 인터뷰 장면들이 나온다.

그런데, 이 모든 것은 사람들이 알려는 마음이 있어야 가능하다.

가짜 뉴스가 나를 속인다?
그냥 여러 정보가 있을 뿐이야.
쉽고 간단한 설명만 찾으니까,

사과 나무에서 사과가 떨어지기를
기다리는 거다, 이거지?

사과 나무에서 떨어진 사과를
누가 씹어서 입에 넣어주는 걸
받아먹게 되지.

그래서 이런 옛말이 있잖아.
"가장 게으른 것이, 가장 더러운 거다."

씹어서 입 앞에다 대령하는 데에는 이유가 있겠지.

② 알게 된 걸 서로 말해주고, 의사표시를 한다.

규제를 강화한다고 해서 코인을 안 하는 사람이 그것 때문에 표를 줄 확률은 낮은 반면, 코인을 하는 사람의 표는 떨어질 수 있다. 그래서 선거철에는 규제를 제대로 집행하기 어렵고, 한술 더 떠서 선심성 공약까지 생길 수 있다. 더 무서운 건 엉뚱한 정책이 생긴다는 점이다. 사실, 지역화폐를 나눠준다는 것도 아니고, 코인 비즈니스를 도와주는 정책에는 '선심성 공약'이라는 말이 어울리지 않는다. 소수의 업계관계자에게 이익을 줄 뿐, 다수에게 선심을 쓰는 효과가 없기 때문이다. 그런데 생각해 보면, 선거에는 돈이 필요하다! 돈이 많거나 사람을 많이 동원할 수 있는 조직에게는 선거철이 입맛에 맞는 제도를 밀어 넣기 가장 좋은 시기이다. 어차피 다수는 자세한 내용을 모르니까 신사업 육성 이미지로 포장도 가능하다.

대통령이 실상을 잘 아는 것은 중요한 일이다. 하지만 대통령만 안다고, 제도가 제대로 돌아갈 수 있을까? 대통령은 지지율을 생각해야 하고, 특히 후보자들은 일단 당선에 급할 수밖에 없다. 사업관계자들이 단체를 여러 개 만들어서 목소리를 내기 때문에, 후보자들은 '여론'을 착각할 수 있다. 이것과 다른 의견을 공유하는 것만으로도 '여론이 그렇지 않다'는 걸 보여주는 의미가 있다. 이상한 공약을 했다가 표를 잃을 수도 있다는 계산이 나오면, 엉뚱한 정책이 방지되는 것이다. 대부분의 사안에서, 좋은 정책을 만드는 것보다 잘못된 정책을 막는 게 더 중요하다.

③ 마침 자기 권한 내에서 할 수 있는 일이 있으면 한다.

앞에서 각 입장의 사람들이 그러한 행동을 하는 이유를 생각해보았다. 그런데, 그럴 수 있다고 해서 꼭 그래야 하는 것은 아니지 않은가? 각자의 자리에서 다르게도 해볼 여지가 분명히 있을 것이다. 이런 노력이 모이면, 똑같은 그림이지만 영향력 화살표는 좋게 작용해서 서로에게 힘이 될 것이다. 정부는 방향을 정확히 잡는 동시에 급한 것부터 빨리 집행하고, 그 배경이 잘 알려져서 사람들의 지지를 얻고, 전문가들도 자기들의 지식을 보태고, 그것이 다시 제도의 정비에 반영되는 방향.

그리고 코인을 사지 말아야 된다. 어차피 잃을 확률이 많고, 딴다고 해도 가진 돈을 올인할 것도 아니어서 만족하지 못할 것이다. 그냥 트렌드니까, 재미로, 혹시 모르니까 한다고 한다. 하지만, 그것이 이 생태계를 유지시키고, 비즈니스를 더욱 확대하거나 새로 참여하게 하는 유인이 되고, 사람들의 믿음이 곧 실체라는 정당성을 부여하고, 사회적 폐해를 확대시킨다. 그 손해는 결국 자기에게 돌아오는 것이다. 당장 불법이 아니라도, 심각한 결과를 초래하는 행동들은 얼마든지 있다. 예를 들어, 환경 보호 캠페인 내용을 보자. 무심코 한 행동들이 모여서 무서운 결과를 초래할 수 있음을 우리는 알고 있지 않은가! 내 돈과 시간을 써서 남 좋을 일을 하면서까지 그럴 필요는 없을 것이다.

'내가 다 하겠다'고 화를 내면 불가능해서 괴롭고,
'내가 뭘 하겠어' 하고 포기하면 답답해서 괴롭다.
사람마다 그때그때 할 수 있는 걸 꾸준히,
결과를 걱정하지 않는 가벼운 발걸음으로 하면 될 것입니다.
(중도, 中道)

또 존댓말 하시네요.

예예.
이것도 제가 한 말이 아니라서요.

누구? 그 인도?

그죠. 유튜브에 법륜스님이
설명해 주시는 거 있걸랑요.

5.5.2 블록체인의 과학, 경제학, 사회학, 철학

블록체인의 알고리즘은 과학

블록체인의 비즈니스는 경제학

비즈니스를 가능하게 하는 미신과 제도의 현상은 사회학

기술을 알면 비즈니스에 의문이 생기고 사회현상도 살피게 된다.

철학은 언제 나오는 걸까?

이해에 이르기까지의 탐구과정을 철학이라고 할 수도 있겠지만, 진짜 철학은 현상을 이해한 후에 시작되는 것 같다.

알았는데, 그 다음은? 나는 뭘 하지? 뭘 꼭 해야 되나? 뭘 한다면 그걸 언제까지 하냐고!

내 경우에는 일단 이 책을 쓰는 문제였다. 혼자 글을 쓰는 게 어려운 결정은 아니다. 하지만 책을 쓴다고 사람들이 기다리고 있다가 읽어줄 리는 없을 텐데… 그러면 알리기 위해서 어디까지 노력해야 되지? 그런 문제. 시간과 비용에 한정이 있으니까 되는 대로 하면 되겠지 뭐. 그런데, 진짜 어려운 거. 내가 꾸준히 할 수 있을까? 그것도 스트레스 받지 않고.

어떤 일을 묵묵히 계속할 수 있는 마음가짐 또는 그러한 마음가짐에서 나오는 실천적 행동. 그게 아마 철학일 것이다.

빨리 잘 한다는 욕심 버리기—이 방법은 안 되네, 다른 방법으로 해보자~ 탐구적 자세로 하기.

집착 내려놓기—남들이 봐야 되고, 봤으면 이해해야 되고, 이해했으면 동참해야 된다는 건 내 생각이라는 거 알기.

이거는 마인드컨트롤이 아니라, 그냥 사실을 직관하는 것이다. 자주 까먹겠지만 그때마다 '욕심이구나', '집착하고 있구나' 이렇게 알아차리면 된다고 하셨다. 그렇지 않으면 내가 괴롭고, 그러면 계속하지 못할 것이다. 욕심과 집착의 방해를 최소화하면, 사람은 자유로워져서 큰 원을 세우고 이루어 나갈 수 있다고 한다. 나의 원은? 일단은 이 이슈가 많이 알려져서 코인 거래가 잘 단속됐으면 좋겠다. 그리고, 이런 구체적 사례의 학습을 통해 사람들에게 촉이 생겨서 우리 사회가 또 다른 미신에 휩쓸리는 일이 없으면 좋겠다. 나는 계속 탐구할 것이다. 그리면서, 욕심과 집착을 버리면 정말로 인간이 하고 싶은 일을 계속할 수 있는지, 그게 버려지는 것인지… 그런 걸 시험해 볼 것이다.

독서퀴즈

어느 날 유튜브에서 피아노 연주를 보는데, 연주자는 자기만의 뭔가를 상상하고 있는 것 같았어요. 많은 사람들의 해석으로 그 곡이 더 멋있어진 게 아닐지. 이 책의 이해와 활용은 읽는 분들이 알아서 더 잘하시지 않을까? 하고 걱정을 내려놓았습니다.

독서 퀴즈 겸 토론 주제를 예시로 만들어보았어요.

1. 다음의 비슷한 점과 차이점을 얘기해 보자.

① 코인 vs 금

② 유틸리티형 코인 vs 각종 포인트, 이용권

③ 대출, 예금 vs 디파이

④ 주식 vs 코인

⑤ 코인결제서비스 vs 카드, 간편결제서비스

공통점은 어떤 영역에서, 차이점은 어떤 영역에서 발견되나?

비슷한 것처럼 설명하는 주장들은 어느 쪽 측면을 말하고 있는 건지 생각해보자.

비슷하다고 하는 것들의 본질적 차이점. 반대로, 달라 보이는데 본질적으로 같은 것을 판단할 수 있어야 한다. 코인투자와 도박, 사기, 복권 등도 비교해서 생각해보자.

2. 나에게 유리한 방향으로 사람들에게 정보를 주입해야 한다. 어떤 방법을 사용할까?
① 지엽적인 부분에 초점 → 진짜 중요한 걸 못 보게
② 추상적 단어와 익숙한 프레임 → 좋은 건가 보다~ 하는 인상을 가지게
③ 복잡한 분류와 어려운 용어 → 의문을 가지려다가 포기하게

내가 당하는 입장이면, 방어를 해야 할 것이다; 전체 관점에서 부분의 역할을 보고, 구체적으로 같고 다른 점을 생각해보고, 어려울 거라고 지레짐작하는 대신 찾아보고 물어본다.

블록체인과 코인에 대한 기존 설명을 조사하고, ①②③의 요소를 찾아보자.

3. 떠오르는 의문에 대한 인사업자들의 방어논리. 내가 토론장에 있다면 거기에 대해서 어떤 질문을 할 수 있을까?

① '코인 거래가 문제라면 그것부터 정지시키면 되지 않냐'고 하면, '코인과 블록체인은 분리할 수 없다. 코인을 막으면 기술과 산업 발전이 막힌다'고 한다.

② '제대로 적용된 모델이 하나도 없다'고 하면, '중국은 이미 디지털화폐를 국가적으로 인정하면서 블록체인 기술에서 앞서 나가고 있다', '미국에서 ETF 허용, 결제 서비스 확장 등 적극적이다'라고 하면서 우리나라가 뒤처지면 안 된다고 한다.

③ '지금이라도 빨리 코인 거래를 금지하는 게 피해를 줄이는 것'이라고 하면, '이미 투자자가 많으니, 코인 거래소를 잘 감시해서 소비자 보호도 병행하면 된다'고 한다.

④ 유틸리티 코인을 표방하면서 쏟아지는 코인들, '가격이 변동하는데 누가 결제에 쓰겠냐'고 하면 '지금은 가격변동성이 큰 것이 사실이지만, 토큰생태계가 발전하면 가격도 안정화될 것이다'라고 한다.

4. 코인 거래를 지금처럼 방치할 경우의 사회적 영향에 대해 생각해보자.

① 좋은 점, 나쁜 점, 누구에게 좋고, 누구에게 나쁠지

② 정보의 생산자, 스피커, 리스너는 누구일까?

③ 정책을 결정할 때 ②번 사람들 간의 영향은 서로 어떻게 작용할까?

④ 모멘텀의 변화를 만드는 어떤 방법들이 있을까?

5. 추가 조사

인터넷을 찾아보면 여러 가지를 더 알 수 있다. 예를 들면,

- 블록체인 비즈니스를 하는 기업들 조사 – 블록체인 메인넷 코인, 일반 토큰, NFT 토큰으로 구별해 보고, 계열사가 여러 비즈니스를 하는 경우 그 관계성을 보자.
- 블록체인, 메타버스에 투자한 대기업
- 정부나 공공기관에서 '블록체인' 사업을 표방한 사례가 무엇이고, 거기서 어떤 점이 블록체인 사업이라는 것인지?
- 여러 다른 나라들의 입장과 그 나라 정치적 경제적 상황과의 관계
- 코인에 사용되는 전력소비 규모, 여기에 대한 환경단체의 반응

저자와의 대화

쓴다, 쓴다 하더니 진짜 썼네요. 어떤 내용이죠?

다 아시면서.

그래도 간단히 정리해서 말해봐요.

코인 발행해서 파는 거밖에 없는 도박이니까, 이대로 두면 안 된다~입니다.

부정적 입장이시군요. '코인 거래는 문제가 많지만, 블록체인 기술은 가치가 있다'는 중간적 입장도 있는 걸로 아는데요.

그냥 객관적 입장입니다. '중도'라는 것이 꼭 중간이 아니잖아요. 전산코드가 코인이고, 그걸 주고받는 기록을 저장하는 게 블록체인인데, 두 가지가 어떻게 다르겠어요. 코인을 팔지 않는 블록체인, 그런 게 있다면 그 부분은 이 책에서 말하는 영역이 아닙니다.

그렇군요. 이 책의 목적은 무엇인가요? 실상을 알리는 거?

알리는 게 절반이겠죠. 그런데 이게 제가 발견한 사실도 아니고, 원래 비즈니스 구조가 그런 건데… 엉터리 내용이 책으로, TV강의로, 권위를 가지고 전파되고 있습니다. 그 결과 가격이 오르니까, 기술의 실체가 있다는 근거로 삼습니다. 이런 게 어떻게 가능할까? 사람들이 아예 관심이 없는 것도 아니고, 다들 한 번씩은 찾아보는 주제인데 말이죠. 제일 민감해하는 돈 문제인데… 아이러니하게도 돈이 어마어마하게 관련된 거라서 이렇게 되는 거더라구요.

진짜 문제는, 정치인들은 항상 자세한 내용에 대해서 아는 것은 적고 권한은 많은 위치에 있잖아요. 이 사람들이 선거 때는 선거자금도 받아야 되고, 어떻게 해야 표를 덜 잃을까 위주로 사고하기 때문에, 이상한 정책이 생깁니다. 그러면 다 같이 피해를 보기 때문에, 실상에 기반한 대책 논의로 모멘텀을 돌리는 것이 이 책의 목적입니다.

실상에 기반한다면, 책 내용에 따르면 도박이니까 금지하자는 건가요?

제 생각은 그렇습니다. 그렇지만 여기에도, 당장 전부 금지하자, 오락 정도로 작게 유지시키자 등 입장이 갈리겠죠. 중요한 건, 오락실에 대해서는 오락실에 맞는 규제를 논의해야 한다는 것입니다. 지금은, 두뇌개발이다, 좀 있으면 치매도 치료한다~라고 하는 사람들 때문에 오락실이 더 지어지는 형국이잖아요. 도박이 돈을 많이 벌면, 그 성격이 두뇌개발 트레이닝이 됩니까? 돈 많이 버는 사업이라고 무조건 좋은 거면, 바다이야기도 더 하게 뒀어야죠.

사업자는 돈에, 정치인은 선거에, 투자자는 오를까에만 관심이 있는데 그게 될까요?

사업자나 정치인에게 관점을 바꾸라고 하는 건 호랑이에게 풀 먹으라고 하는 것이죠. 그런데, 정보의 제작은 사업자가 하지만, 그것을 전파하면서 얼굴마담, 바람잡이 역할을 하는 전문가가 있기 때문에 이 흐름이 유지될 수 있습니다. 그들이 공무원이나 대중에게 이 비즈니스에 대한 긍정적 인상을 주어 사업자와 정치인의 결탁을 가능하게 합니다. 따라서 그 고리를 끊으면 선순환을 만들 수 있다고 생각합니다.

전문가의 고리를 끊는다, 다 입장이 있어서 말을 했을 텐데 그걸 바꿀까요?

정확히 말하면 고리를 끊는다기보다는 서로 영향을 미치는 고리는 존재하는 거고, 그 영향을 선순환으로 만드는 것이라고 해야겠네요. 어떤 사업단체든 유리한 환경을 조성하려고 로비를 하고, 자신들을 대변해 줄 사람을 섭외하는 건 당연합니다. 그걸 제가 어떻게 말할 수 있는 문제는 아니고요.

업계 측이 아닌 분들이 거시적 사회경제의 피해를 자꾸 얘기하면, 그게 전파되면서 여론에, 정책에 영향을 줄 것입니다. 그런 희망이 있다고 생각합니다.

결국 많은 사람들이 읽어야 목적을 달성하는 것이군요. 주제가 아주 쉽지는 않은데, 타깃 독자층이 누구인가요?

모든 사람들이 똑같은 집중력으로 이 글을 읽을 것이라고 생각하지는 않습니다.

업무상 필요한 분들에게는 기술/사업/제도를 한꺼번에 이해할 수 있는 자료일 것이고, 궁금한 게 생긴 분들에게는 그 부분만 찾아보는 자료가 될 것입니다. 학생들이 많이 봤으면 좋겠어요, 여러가지 의미에서.

많이 전파하기 위한 계획은 있습니까?

글쎄요… 좋은 방법 있으면 알려줘 봐요. ㅎㅎ

이걸 돈의 관점에서만 보면, 이 사태가 지나가면 잊혀질 거예요. 그리고 같은 문제가 얼굴을 바꿔서 등장하겠죠. 그래서, 어떻게 이런 비논리적인 말이 먹힐까? 의 관점으로도 접근해보고 싶습니다. 논리적 사고는 어디에나 필요한 거고, 남한테 속아 살고 싶은 사람은 없잖아요.

이걸 하는 이유가 뭔가요? 이 글의 목적이 아니라 이런 일을 하는 개인적인 목적이요.

저는 좋은 저술가가 되면 그게 이익인거죠. 그런데 책을 한권 마무리하려면 지겨워서, 안 쓰면 괴로운 고통이 있어야 하더라구요. 이런 식으로 돌아가는 게 세상에 많을텐데, 모르니까 그냥 넘어가고 있겠죠. 그런데 하필 내가 아는데, 뻔한 거짓말이 정책에 영향을 주고 있으니까… 이건 개만 맡을 수 있는 악취를 느끼는 개의 고통? 우리가 자기 일에서는 개코를 가지게 되잖아요.

에고, 개코 문제가 금방 해결될 것 같지 않은데, 각오를 말씀해주시죠.

각오라고 할 것 까지야, 뭐. '노는 입에 염불한다'는 자세로 즐기려고 합니다.

참고자료

연기와 중도에 대해서는 법륜스님
- 금강경/반야심경 책, 정토회, 즉문즉설

미신이 유지되는 메커니즘과 정확한 교육의 중요성
- 현대판 마이더스(버틀란드 러셀)

블록체인 기술에 대한 객관적이고 자세한 설명
- 비트코인과 블록체인_가상자산의 실체(이병욱 저)

책에 언급된 다큐멘터리/영화
- 인사이드잡, 씨스피라시, 돈룩업